ARCHIVES DES LETTRES MODERNES

191

ALMA SARAYDAR

Proust disciple de Stendhal

les avant-textes d'*Un Amour de Swann*

dans *Jean Santeuil*

PARIS – LETTRES MODERNES – 1980

SIGLES ET ÉDITIONS UTILISÉS

CSB   *Contre Sainte-Beuve*. Édition établie par Pierre CLARAC avec la collaboration d'Yves SANDRE (Paris, Gallimard, « Bibliothèque de la Pléiade », 1971).

Corr., I, II   *Correspondance de Marcel Proust*. Texte établi, présenté et annoté par Philip KOLB. Tome I : 1880–1895 (Paris, Plon, 1970) ; tome II : 1896–1901 (Paris, Plon, 1976).

JS   *Jean Santeuil.*
    – *Jean Santeuil*. Préface d'André Maurois. [Édition établie par Bernard de FALLOIS] (Paris, Gallimard, 1952) 3 vol.
    – *Jean Santeuil*, précédé de *Les Plaisirs et les jours*. Édition établie par Pierre CLARAC avec la collaboration d'Yves SANDRE (Paris, Gallimard, « Bibliothèque de la Pléiade », 1971).
    Toutes les références des citations de *Jean Santeuil* renvoient, sauf mention contraire, à cette édition.

Toute citation formellement textuelle se présente soit hors texte, en petit caractère romain, soit dans le corps du texte en « *italique* » entre guillemets, les soulignés du texte d'origine étant rendus par l'alternance romain/*italique* ; seuls les mots en PETITES CAPITALES y sont soulignés par l'auteur de l'étude.

À l'intérieur d'un même paragraphe, les séries continues de références à un même texte sont allégées du sigle commun initial et réduites à la seule pagination ; par ailleurs les références consécutives à une même page ne sont pas répétées à l'intérieur de ce paragraphe.

IMPRIMÉ EN FRANCE

ISBN : 2 256 90383 4

I

L suffit d'examiner *Les Plaisirs et les jours* pour constater que la passion qu'on nomme l'amour intéressa vivement leur jeune auteur. On pourrait même dire qu'elle le préoccupa — tout autant que le monde, car l'amour et le monde constituent les deux pôles autour desquels s'orientent les divers morceaux de ce petit volume précieux. En effet, toutes les pages des *Plaisirs* se partagent entre mondains et amoureux, et ces derniers en occupent un bon tiers au moins.

En revanche, quand on parcourt *Jean Santeuil*, il est évident que l'amour et le monde ne tiennent plus une place aussi importante dans l'univers de Proust. Naguère des pôles, ils se fondent ici dans toute une masse de matières nouvelles — scènes de famille, de la vie provinciale, années de collège, aventures de ville de caserne, scandales politiques, histoire contemporaine, etc.

Le monde garde assez bonne place dans l'ensemble, mais l'amour s'est rétréci sensiblement pour prendre des dimensions plus réduites : il ne constitue guère qu'un cinquième de l'œuvre et figure presque comme un à-côté des pages mondaines qui le précèdent, inséré juste avant les pages décrivant la vieillesse des parents de Jean, lesquelles terminent l'œuvre.

À la lecture de ces mêmes pages, on aperçoit que l'amour n'est pas pour autant dépourvu d'intérêt — bien au contraire, Proust lui accorde une attention fort sérieuse. Dans *Les Plaisirs et les jours*, l'amour occupait des nouvelles et des « études » précieuses rédigées en prose poétique qui méritaient à leur jeune auteur le sobriquet de « *Petrone ingénu* »[1] et qui étaient avant tout une manifestation, mal déguisée d'ailleurs, de ses déboires sentimentaux. Dans *Jean Santeuil*, au contraire, cette passion ne sert plus simplement de véhicule d'expression aux confidences ou aux épanchements de l'auteur, mais est devenue plutôt l'objet d'une étude réfléchie. Cela est surtout évident dans les pages baptisées « De l'Amour » par Bernard de Fallois[2], et dans lesquelles la critique n'a pas tardé à reconnaître comme des notes marginales du célèbre traité de Stendhal[3]. Car si d'une part Proust a résolument refusé de faire de Jean un Fabrice ou un Julien, il a tout aussi résolument rédigé ces pages sur l'amour dans le but d'illustrer à travers ce personnage ses propres réflexions sur les théories stendhaliennes.

Cette intention se révèle dès le début des commentaires qui servent de préambule à ces pages et où le narrateur de *Jean Santeuil*, ce personnage fictif, porte-parole de l'auteur, fait une de ses rares apparitions pour nous rappeler que Stendhal « *qui est si matérialiste* » (*JS*, 745), c'est-à-dire jouisseur, a toujours apprécié « *au-dessus de tout* » l'amour, et cela précisément parce qu'il lui semblait « *faire un avec la vie intérieure* », dont cet épicurien se faisait d'ailleurs une idée foncièrement romantique : « *Ce qui fait qu'on aime la solitude, qu'on y a mille pensées, que la nature nous devient compréhensible et éloquente, pour lui c'est l'amour.* ». Stendhal, du reste, « *semble n'avoir pas connu la poésie que sous la forme de l'amour* » mais, notre narrateur s'empresse d'ajouter, « *nous ne pouvons pas aller jusque-là* ». Et certes, les pages de *Jean Santeuil* le font bien ressortir, notre narrateur/auteur apprécie tout autant que Stendhal les attraits de la « *vie intérieure* » ; cette exaltation de l'esprit, ce goût de la solitude, de la réflexion, de la contemplation de la nature qu'il évoque ici et qu'il décrit, lui semble à lui aussi, l'apanage de « *la poésie* » — mais à la différence de Stendhal, il ne considère guère nécessaire d'être amoureux pour être disposé à en jouir. Bien au contraire. On est donc tout attentif quand le narrateur s'empresse de nous expliquer pourquoi il n'est pas de l'avis de Stendhal sur « *la poésie* » de l'amour. Il commence par admettre que l'amour en effet ressemble à la poésie par « *le charme dans la nature* », et par « *le replongement dans la solitude* », mais il prend soin d'exclure de cette solitude amoureuse « *les mille pensées* » qu'on est censé y goûter, ce penchant à la réflexion qui forme le troisième élément de cette trinité de la vie intérieure que Stendhal confond avec l'amour (que Proust remplace d'ailleurs par « *l'affranchissement des autres* », c'est-à-dire cet isolement qui renforce l'amoureux dans sa solitude). Et la raison en est que ces mille pensées de l'amoureux s'organisent toutes autour d'un seul individu, la bien-aimée, l'objet de son amour. Préoccupation qui, certes semblait poétique à Stendhal, mais non pas au narrateur qui la juge non seulement d'une grande inconvenance poétique mais, ce qui est plus grave encore, voit en elle une sérieuse restriction de notre vie intérieure. Restriction d'autant plus regrettable que l'individu qui nous préoccupe ainsi est le plus souvent médiocre et qu'aucun individu, « *si remarquable fût-il* », n'a le droit de nous imposer sa personnalité de la sorte. Et le narrateur d'expliquer le pourquoi de cette curieuse restriction en des termes qui révèlent qu'il a sur la chose des notions assez précises :

Il n'y a aucun rapport réel et profond entre tel profil, momentanément charmant pour nous, et notre vie intérieure. Les pensées entre lesquelles il s'interpose et qui se groupent autour de lui ne lui appartiennent à aucun titre. Nous ne pouvons voir là-dedans rien de réel. Et pourtant c'est bien toute notre vie intérieure qui se trouve ainsi systématisée, de sorte que l'univers se trouve une sorte d'attelage à conduire (à deux).

(*JS*, 745)

L'accusé, on le voit, c'est ce trait qui résume la physionomie de la bien-aimée, ce « *profil, momentanément charmant* » (*JS*, 745) qui provoque notre admiration − ce plaisir d'en contempler les perfections qui marque le point de départ du long processus qui constitue, selon Stendhal, la naissance de l'amour. Mais le narrateur ne nous signale pas ce profil charmant tel qu'on le voit, tel qu'on l'aperçoit dans la réalité, mais tel qu'il se présente, ou plutôt se représente à l'esprit une fois aperçu. Ce qui l'intéresse dans l'acte d'admiration ce n'est pas la vue du profil, mais cette image intériorisée qui est le souvenir du profil[4] — et cela précisément à cause de l'étrange manière qu'il a d'envahir notre esprit, et de le dominer, voire de se planter au centre même de nos pensées, au point d'en former comme le noyau même, autour duquel s'organise et se systématise toute notre vie intérieure.

Voilà des éclaircissements d'autant plus intéressants qu'ils sont tout à fait inédits. Car le narrateur en précisant ainsi les origines et la nature de cet état d'esprit amoureux si vanté par Stendhal nous découvre en effet, de son propre chef, une de ces lois générales de l'esprit qui composent dans leur ensemble la psychologie de l'amour, mais qu'on chercherait en vain dans l'œuvre de Stendhal. Loi que Stendhal aurait sans doute approuvée mais que le narrateur dénonce amèrement, et dont il blâme surtout la stricte impartialité. Car, étant loi, elle est par définition universelle (comme l'indique clairement du reste l'emploi fréquent de ces *nous*[5] par le narrateur), frappant donc non seulement le commun des mortels, mais aussi ces êtres d'exception que sont les hommes de génie :

Et il est incontestable qu'un artiste, qu'un philosophe, qu'un poète peut tout d'un coup, sans que cela vienne d'une diminution de génie qui l'abaisserait à sa chétive personnalité, à des individualités, peut voir tout d'un coup sa pensée dédoublée et systématisée de cette manière bizarre, pendant des mois quelquefois. (*JS*, 745-6)

Le narrateur, on le voit, n'a pas rédigé ces pages dans le seul but de mettre au point certains détails de la théorie stendhalienne de l'amour, mais aussi, et surtout, pour exposer à travers ces détails les motifs profonds de sa répugnance envers cette passion. Répugnance qui se révèle dans le ton désabusé, sec, ironique, et à vrai dire presque agressif qu'il adopte pour en parler, et qui semble trahir une volonté de démythification : il veut militer contre cette passion pour la dépouiller de l'extraordinaire prestige dont elle jouit depuis plus d'un siècle − et que Stendhal a tout fait pour exalter. Voilà qui révèle la divergence profonde et irréductible qui sépare notre narrateur et le grand Stendhal, qui s'avère ici malgré certaines divergences théoriques, son maître à penser en matière d'amour. Comme nous le voyons déjà, et le verrons plus encore par la suite, il adopte volontiers les vues de Stendhal, se réfère à son œuvre pour formuler ses propres vues, lui emprunte des idées, les élabore, les rectifie même, s'il le faut, mais jamais il ne témoigne de cette ardeur et de cet enthousiasme pour l'amour qui informe l'œuvre de son célèbre précurseur. Stendhal a toujours considéré l'amour comme le plus grand plaisir de la vie, le passe-temps précieux, privilégié des âmes tendres. Mais notre narrateur, disciple indocile, le juge, au contraire, occupation dérisoire et stérile, véritable aberration de l'esprit qui, loin d'enrichir notre vie intérieure, ne fait que l'appauvrir. « [...] *une phase bizarre de la vie* » (*JS*, 745), en somme.

Par cet avertissement, le narrateur clôt le préambule pour nous conter l'amour de Jean pour une nommée Mme S., et, ce faisant, pour illustrer dans toute sa complexité cet état d'âme et d'esprit amoureux que Stendhal jugeait si poétique et que le narrateur, lui, trouve si déplorable. Quittant ainsi l'argument pour la fiction, il se plaît à exhiber ses dons de conteur, dont surtout cette extraordinaire omniscience requise dans la description de la vie psychologique des personnages. Car, comme nous le verrons, il se charge de décrire ici non pas tant les actions de Jean, ses faits et ses gestes, que ses états de conscience ; de détailler par un récit tout intérieur, ce qu'il pense, ce qu'il sent, ce qu'il sait, désire, voit, entend, et ainsi de suite[6].

Nous apprenons en fait, dès la toute première phrase de ce récit, que Jean est déjà en proie à ce singulier état d'esprit que le narrateur vient d'évoquer et de dénoncer dans le préambule : à savoir, qu'un profil pur et décoiffé met un charme nouveau dans sa vie, et cela depuis un mois, qu'il y songe parfois, et en y songeant, pense toujours à Stendhal (voir *JS*, 746). On reconnaît sans peine le profil « *momentanément charmant* » (745) du préambule et on comprend que Jean a franchi le premier pas de l'amour que Stendhal a nommé l'*admiration*, goûtant non seulement le plaisir de contempler sa dame, mais celui, plus important encore, de se la représenter — et de plus, qu'il est assez stendhalien pour comprendre le sens de cette préoccupation pour l'image d'une autre, et pour s'y complaire.

Jean comprend du reste qu'il n'est pas très amoureux de Mme S., que cet amour est encore trop jeune pour être fort intense, et pour cette raison même, semble-t-il, jouit du plaisir qu'il a à se sentir amoureux — c'est-à-dire, à se voir adopter une nouvelle manière d'être qui témoigne du changement qui s'est opéré en lui : au lieu d'aller tous les soirs dans le monde, il va voir Mme S. chez elle ; il reste chez elle fort tard, et de plus, après l'avoir quittée, en revenant de chez elle dans la nuit, il garde devant les yeux le profil pur et souriant de la dame, toujours à une même distance — de même qu'il voit toujours à une même distance par ces belles nuits brillantes la face pure de la lune (voir *JS*, 746). Le narrateur, on le voit, se complaît ici à aligner Jean sur la description de l'état d'âme et d'esprit amoureux si prisé par Stendhal et qu'il vient de présenter dans le préambule. Certes, Jean se montre ici affranchi des autres, sensible aux beautés de la nature, mais ce n'est guère pour goûter la poésie de la solitude et des mille réflexions qu'elle engendre en lui. S'il s'éloigne du monde, c'est pour fréquenter sa bien-aimée, pour s'attacher davantage à un seul individu ; et non content de la voir tous les soirs, de prolonger ses visites auprès d'elle, il emporte de chez elle le souvenir de sa physionomie [7], l'image intériorisée de ce charmant profil, pur et souriant, pur et décoiffé, qui déjà depuis un mois siège au centre de sa pensée, et auquel il songe pendant les longues heures solitaires passées loin d'elle.

Mais le plaisir un peu fat que Jean ressent à se voir adopter cette nouvelle manière d'être n'est pas le seul que lui inspire son amour. Car il se sent envahi aussi « *chez elle, en revenant de chez elle, chez lui en restant à penser à elle* » (*JS*, 746) (c'est-à-dire dans les trois décors de cette histoire d'amour) par un autre plaisir, un plaisir nouveau et différent, d'une nature et d'une intensité toutes particulières. C'est-à-dire par « *ce plaisir qui nous détache des autres et nous en fait connaître de nouveaux, dont il avait vu la vivacité chez Julien Sorel, chez Fabrice del Dòngo, dans le livre* De l'Amour, *sans l'avoir éprouvé depuis* ». Jean, on le voit, est assez stendhalien pour comprendre aussi qu'il a le bonheur de compter parmi les *happy few* appelés à connaître ce plaisir unique et privilégié que Stendhal dans son « matérialisme » jugeait l'apanage des amoureux, et « mettait au-dessus » de tous les autres plaisirs de la vie.

À voir Jean se complaire de la sorte dans ses ressemblances stendhaliennes, on se serait attendu à le voir témoigner aussi de cette ardeur exigeante en matière amoureuse qui est le cachet de Fabrice et de Julien. Mais il n'en est rien, et le lecteur a bientôt la surprise d'apprendre que Jean, à la différence de nos amoureux stendhaliens, voue à sa dame un amour chaste, platonique, pur de tout contact physique — ce qu'il fait au reste en pleine connaissance de cause, car il s'incline ainsi devant une défense de toucher dont les motifs demeurent obscurs, mais qui a la force d'une «*quasi-certitude*» (*JS*, 746), venant de source sûre et pour ainsi dire indiscutable, à savoir, les «*déclarations catégoriques*» de Mme S. elle-même, «*jeune veuve indépendante mais honnête*» — adjectifs qui semblent calculés pour servir d'explication. Jean, fort heureusement, s'accommode sans peine de cet état de choses (il ne désire Mme S. que très peu, nous explique-t-on entre parenthèses). Cette situation comporte cependant de réelles difficultés théoriques qui risquent de gêner le lecteur avisé, et que le narrateur s'empresse d'aplanir. Car il n'est pas besoin d'être adepte de Stendhal pour comprendre que par cette défense absolue de toucher, l'amour de Jean est privé de cet ingrédient essentiel dont vit tout amour, de «*cette attente de la façon encore inattendue dont se réalisera notre prise de possession de la personne aimée*», et que Stendhal a nommé l'*espérance*[8]. Ainsi cette «quasi-certitude», en privant Jean définitivement de toute espérance, aurait dû suffire à tuer son amour, nous explique le narrateur, si Mme S. ne lui avait fourni à la place, pour y suppléer, une autre certitude plus agréable, «*l'assurance d'être pour elle ce qu'elle était pour lui*», c'est-à-dire une garantie de réciprocité affective qui, sans faire fleurir son amour, suffit à l'entretenir en lui pour quelque temps encore[9]. S'il ne lui est donc plus loisible d'escompter les chances de sa future «*prise de possession*» physique de Mme S., Jean peut du moins se flatter de posséder, *hic et nunc*, l'assurance des sentiments réciproques de sa dame, voire de son amour pour lui, et cela de source tout aussi certaine, puisque cette assurance lui vient également des propos de la dame, à savoir de «*certaines paroles*», de certaines lettres, et surtout de cette permission accordée plus ou moins ouvertement de venir la voir tous les soirs. En somme le narrateur se voit confronté ici à un problème théorique assez inattendu, pour ne pas dire saugrenu : montrer comment Jean, se voyant amoureux d'une femme qui entend faire respecter sa

10

« vertu », a trouvé le moyen d'entretenir en lui cet amour pour elle pourtant *« dénué en quelque sorte de l'objet de l'amour »*. La réponse, aussi simple qu'ingénieuse, c'est qu'il s'adapte aux circonstances et se fait un amour pour ainsi dire sur mesure, un amour qui vit non pas d'espérance mais de réciprocité affective, une sorte d'amour-passion platonique, modèle réduit de l'amour-passion stendhalien, un amour pis-aller, si l'on peut dire, dont il finit d'ailleurs par se contenter comme *« on joue au piano une partition par l'impossibilité d'avoir un orchestre »* (746-7) [10].

On aurait tort d'en conclure pourtant que Jean fait fi de son amour ; bien au contraire, le seul fait d'être privé d'espérance précise dans la personne de Mme S. l'amène à s'occuper moins d'elle que de sa propre vie intérieure, *« retourne ses pensées sur la satisfaction qu'il y a à aimer »* (*JS*, 747), de sorte qu'il finit par jouir plus de son amour que de son amante. Il lui arrive même de trouver plus voluptueuse encore cette sensation amoureuse qui l'envahit à tout moment, et à voir dans ce plaisir nouveau et particulier qui lui inspire cet état d'âme amoureux, un plaisir qui non seulement le détache des autres, mais qu'il ressent plus vivement que les autres plaisirs qui jusque-là agrémentaient sa vie. Idée qui lui rappelle Stendhal et lui fait considérer à son tour l'amour *« comme une façon infiniment plus agréable de goûter la vie et de trouver du charme à la solitude »*. Jean a donc su si bien tirer parti de son amour qu'il en arrive même à adopter le point de vue matérialiste de Stendhal, à considérer l'amour comme un plaisir et à le mettre au-dessus de tous les autres plaisirs de la vie, jugement qui trahit la profonde divergence entre lui et le narrateur qui, sans nier les plaisirs de l'amour, entend les récuser.

Cette description de la manière dont Jean en est venu à adopter le point de vue matérialiste de Stendhal à l'égard de l'amour amène le narrateur à interrompre son récit pour insérer des commentaires expliquant que Jean ne fait que suivre ainsi un penchant épicurien assez normal et quasiment universel chez les hommes. À partir d'un certain âge, en effet, nous jouissons mieux des choses pour la très simple raison que nous sommes parvenus avec le temps à une certaine maturité intellectuelle. Ainsi, lorsqu'une sensation se présente à nous d'une manière vive et particulière, poétiquement pour ainsi dire, telle la sensation amoureuse, éprouvée par Jean, nos idées philosophiques sont trop bien assises pour que nous en cherchions le bien-fondé métaphysique ou que nous discutions de sa réalité, car nous savons qu'elle est réellement sentie par nous, c'est-à-dire qu'elle existe, subjectivement au moins, et cela suffit pour nous permettre d'en jouir pleinement en tout repos et avec un certain confort intellectuel (voir *JS*, 747).

*

Mais ces commentaires à peine entamés, voici que le narrateur ouvre brusquement ici une assez longue digression qui mérite pourtant l'attention : d'abord une réflexion sur le tourment que l'amour nous inspire dans la première jeunesse quand on y cherche l'absolu et qui l'amène à se demander s'il en est de l'amour « *comme de ces maladies qui nous reprennent de temps en temps pendant le cours de notre vie mais qui vont toujours s'affaiblissant et dont aucun accès n'égale en violence le premier?* » (*JS*, 747). Question qui l'amène par la suite à constater que tout en nous a été d'ailleurs tellement adultéré par la vie que nous perdons souvent jusqu'à la notion bien claire de la réalité de nos sentiments, et que nous ne savons même plus parfois si nous sommes amoureux ou non. « *Nos actes seuls, restés en rapport avec l'instinct véritable que notre cerveau ne perçoit plus témoignent de sa survivance.* » (748). Par exemple : « *Nous ne savons pas si nous aimons encore Mme S. et tous les soirs nous allons la voir, et la visite que nous allons [lui] faire en nous demandant si cela lui fait plaisir, la décommande-t-elle que nous avons reçu un coup en plein cœur.* » Exemple qui l'amène enfin à conclure : « *Tant il semble que ce soit dans les parties cachées à notre conscience que notre vie instinctive continue à se dérouler tout le cours de notre vie, comme bat notre pouls et circule notre sang.* »

On a du mal à comprendre que le narrateur ait tenu à introduire ici, pour ainsi dire en coulisse, ces commentaires fort intéressants sur le caractère instinctif et partant inconscient de l'amour, et à plus forte raison qu'il ait choisi de les illustrer par ce curieux exemple universel postulant « nos » sentiments pour Mme S., « nos » visites chez elle — détails narratifs et psychologiques qui pourraient très bien être attribués à Jean et trouver leur place à même le récit de cette histoire d'amour, au centre d'une péripétie qui viendrait interrompre le bonheur de Jean, et qui certes, aurait admirablement servi à faire ressortir la valeur de ces commentaires.

Cette digression nous réserve du reste des mystères plus grands encore, car le narrateur y a pratiqué, au beau milieu, une digression secondaire. Il s'agit d'une enfilade de conjectures sur le caractère peu sincère de « *nos amours suivantes* » (*JS*, 747), c'est-à-dire d'âge mûr, illustré d'abord par le monologue intérieur supposé d'« *un homme intelligent, jaloux et craignant de souffrir* » pensant, « *comme se disait Jean* » à ce qu'il faut faire pour éteindre son amour : obtenir de voir sa dame tout le temps pendant quinze jours (pourvu qu'elle soit tout à fait gentille et ne lui fasse pas de peine pendant ce temps-là) ; monologue qui en amène un autre où nous entendons ce monsieur dire à sa dame une série de phrases mensongères exprimant le contraire de ce qu'il pense, de ce qu'il sent. Le tout couronné enfin d'un petit dialogue imaginé où la dame affirme l'impossibilité de le voir un soir et lui, pâlissant, s'efforce à tout prix de feindre de l'indifférence, sachant que le moyen d'obtenir ce qu'il veut d'elle, c'est-à-dire de l'amour, ce n'est pas l'aveu du sien (voir 747-8).

Le narrateur, en somme, semble divaguer, se perdre en une série de conjectures insolites, déplacées, où le lecteur, de plus en plus perplexe, perd complètement pied. Quel est ce monsieur ? Est-ce Jean ? Et la dame, est-elle Mme S. ? Ou bien s'agit-il d'un autre amour, d'un autre temps ? Pourquoi nous en parler ici, de toute façon, pourquoi évoquer ici les souffrances d'un amour dont on veut sortir, la jalousie, le mensonge, la feinte indifférence ? — sujets aussi peu stendhaliens que possible et tout à fait hors de propos dans ces pages où il est précisément question de commenter les penchants épicuriens d'un amoureux comblé des bienfaits de l'amour-passion.

*

Et le narrateur de reprendre enfin, à la suite de ces singulières digressions, ses commentaires sur nos penchants épicuriens dans l'amour à partir d'un certain âge : d'ailleurs nous avons gagné aussi, avec le temps, une certaine expérience de la vie, assez du moins pour savoir précisément ce qui nous fait plaisir, et que le moyen de l'obtenir c'est de le rechercher activement, voire de le demander, et non pas d'attendre que le hasard nous le fournisse. Ainsi arrivons-nous à une conception plus égoïste de l'amour, à le voir et à le goûter avant tout comme une sensation subjective, un plaisir dont nous savons les conditions plutôt que comme la recherche d'un objet extérieur. Manière de voir qui nous inspire enfin une rhétorique galante calculée pour obtenir de la dame précisément ce que nous souhaitons, sous le prétexte de faire durer notre amour, ou de l'exalter, mais en réalité pour augmenter notre plaisir, le charme qu'elle nous inspire (voir *JS*, 748-9).

Puis Jean de réapparaître enfin, pour illustrer ces commentaires : «*Ne vous dérangez en rien, disait Jean à Mme S. pour n'avoir pas l'air de trop y tenir, mais si nous pouvons nous voir chaque soir, cela prolongera mon sentiment. Dites-moi des mots tendres, défaites vos cheveux, mettez-vous de profil, soyez gaie.*» (*JS*, 749). Voilà enfin qu'un bout de dialogue vient animer cette

14

histoire d'amour et nous offrir un échantillon des propos galants que notre amoureux adresse à sa dulcinée dans l'intimité de ces longues heures passées en tête à tête chez elle tous les soirs. Quelques bribes seulement d'une conversation galante, dirait-on au premier abord, deux phrases typiques, habituelles, et fort insignifiantes en apparence — mais qui s'avèrent à l'étude d'une précision et d'une richesse extraordinaires.

D'abord la première phrase, qui commence par une simple politesse calculée pour atténuer l'importance de la demande qui va suivre (motif qui, du même coup, fait apprécier par le lecteur sa très grande importance) et qui se termine par un prétexte destiné à favoriser la satisfaction de cette demande (et dont nous savons déjà les motifs à la fois réels et ostensibles[11]). Entre ces deux propositions Jean glisse sa demande, suggérée sous la forme très atténuée d'une supposition, qui pose en fait la condition première et fondamentale requise par son plaisir, à savoir, la permission de continuer, sans interruption, ces visites chez Mme S. tous les soirs[12]. Demande bien modeste, certes, puisque Jean revendique en effet une faveur qui lui est déjà acquise, et pas davantage (il ne demande pas, par exemple, à voir Mme S. ailleurs, aux autres heures de la journée). Demande qui ne surprend guère non plus, car nous avons appris dès l'ouverture de cette histoire d'amour que ces visites que Jean fait chez Mme S. tous les soirs forment le point de départ non seulement de sa nouvelle manière d'être, mais aussi de ce plaisir vif, nouveau, différent dont il a le bonheur de se sentir envahi partout « *chez elle, en revenant de chez elle, chez lui en restant à penser à elle* » (*JS*, 746).

Ensuite, dans la deuxième phrase, composée d'une série d'impératifs, Jean change de rhétorique, abandonnant prétextes et politesses pour demander tout bonnement à Mme S. de lui présenter dans ces rendez-vous intimes « *l'image de ce qui lui plaît* » (*JS*, 748), notamment cet aspect particulier de sa physionomie qu'il a toujours admiré et qui la rend si charmante à ses yeux. Demande faite assurément dans le but d'exalter sinon son amour du moins le plaisir qu'il en ressent, dont surtout le plaisir de l'admiration, celui qu'il éprouve non seulement à contempler mais aussi à se représenter « *le profil momentanément charmant* » (745) de Mme S.. Cette demande, également modeste et qui ne sort guère de l'ordinaire, nous renvoie, elle aussi, aux toutes premières pages du récit de cet amour où nous avons vu Jean complètement sous le charme de ce profil « *pur et décoiffé* » (746), « *pur et souriant* » de Mme S. qu'il demande à revoir ici, profil qu'il emportait de chez elle, qu'il évoquait dans sa solitude et qui déjà lui conférait cet état d'esprit singulier que lui et Stendhal trouvent si poétique, et que le narrateur déplore.

Remarquons que Jean ne se borne point à demander ici le seul plaisir de voir le profil admiré de Mme S., qu'il désire aussi, en la contemplant, lui entendre dire « *des mots tendres* » (*JS*, 749), c'est-à-dire prononcer devant lui de ces doux propos qui lui fournissent, telles « *certaines paroles* » naguère relevées, cette assurance de réciprocité affective qui supplée à l'espérance pour entretenir en lui cet amour-passion platonique. Demande bien modeste certes, elle aussi, et comme les autres, peu extraordinaire car Jean ne fait que revendiquer encore une fois ce qui lui est déjà acquis. C'est une demande qui révèle pourtant que notre amoureux commence à renchérir sur ses plaisirs : il ne lui suffit plus de contempler simplement dans l'intimité de ces rendez-vous nocturnes le profil charmant de Mme S., il tient à le voir animé de ces doux propos rassurants qui nourrissent son amour pour elle, à se pourvoir, si l'on peut dire, d'une image de sa bien-aimée qui résume en quelque sorte les deux périodes ou les deux stades traversés par son amour.

Dans ce petit dialogue, en somme, Jean nous découvre enfin les origines de ce plaisir nouveau, si vif et si particulier, qui l'envahit partout, tout le temps depuis qu'il est amoureux de Mme S. : c'est tout simplement l'acte de voir et d'entendre Mme S., c'est-à-dire de percevoir sa bien-aimée qui engendre en lui cette

16

sensation subjective, agréable où il se complaît depuis quelque temps. Le narrateur, en d'autres termes, a mis dans la bouche de Jean des propos qui illustrent ce fameux axiome stendhalien définissant l'amour comme un simple phénomène sensualiste : « *Aimer, c'est avoir du plaisir à voir, toucher, sentir par tous les sens et d'aussi près que possible, un objet aimable et qui vous aime.* » [13].

Notons toutefois que l'amour que Jean voue à Mme S. ne se conforme pas tout à fait à cette définition, que notre amoureux, loin de jouir de son amour de cette façon globale et totalitaire, de chercher à appréhender « *par tous les sens* » les perfections de sa dame, se contente de jouir de celles que lui offrent deux modes de perception seulement : l'ouïe et la vue. Notamment toutes les formes du toucher, la caresse, le baiser (qui lui permettrait de goûter « *d'aussi près que possible* » les perfections de Mme S.) se trouvent forcément exclues de cet amour-passion platonique par les exigences mêmes de l'objet aimé.

Plus important encore, Jean impose à ces deux modes de perception des limites fort sévères. Loin de souhaiter voir de face le visage de Mme S., de vouloir apprécier les divers traits de sa physionomie, ses expressions variées, il ne désire la voir que de côté, les cheveux défaits, et dans ces moments de gaîté où elle lui présente les plus purs contours de ce profil souriant et décoiffé qu'il admire tant. Et loin de se complaire aux mots d'esprit, aux propos mondains et littéraires qu'elle pourrait débiter dans ces tête-à-tête, tout ce qu'il désire lui entendre dire ce sont de ces mots tendres, de ces douces paroles qui l'assurent de son attachement pour lui. Bref, par ce petit dialogue Jean nous révèle que le plaisir qu'il ressent dans cet amour, s'il peut bien avoir une intensité toute stendhalienne, n'en a point l'ampleur, et cela pour la très simple raison qu'il ne sait tirer qu'un bien faible parti de ces heures précieuses qu'il passe auprès de sa bien-aimée tous les soirs. Au lieu de chercher pendant ces visites qu'il réclame avec tant d'insistance, à jouir pleinement de la personne de Mme S. (c'est-à-dire de s'efforcer en bon stendhalien à repaître tous ses sens des mille perfections de la dame, et lui en découvrir toujours de nouvelles), Jean se borne à ressaisir sans cesse, et par deux sens seulement, un tout petit nombre de ses perfections. Et ce sont, bien entendu, celles précisément qui ont fait naître son amour et dont il a gardé le souvenir pour façonner cette image intérieure de Mme S. qui s'est glissée entre ses pensées, jetant un charme nouveau et tout particulier sur les longues journées solitaires qu'il passe loin d'elle. En somme, lorsqu'il se trouve auprès de Mme S., Jean ne désire rien d'autre que de percevoir à nouveau l'original de ce double emmagasiné par sa mémoire.

Évidemment ce ne peut être que la mémoire qui a fixé dans l'esprit de Jean ces quelques données sensibles qu'il désire percevoir de nouveau. Donc ici encore Proust semble faire implicitement allusion au rôle joué par la mémoire dans l'intériorisation de ces phénomènes perceptibles qui se glissent en intrus dans l'esprit de l'amoureux pour créer le bizarre état d'esprit dénoncé par le narrateur dans le préambule[14]. À vrai dire, la compréhension de ce grief du narrateur, dépend à tel point du rôle joué pour ainsi dire dans la coulisse par la mémoire, qu'on est bien obligé de conclure que Proust s'est refusé tout simplement à lui assigner ouvertement ce rôle, par prudence ou par timidité peut-être, parce qu'il doutait encore du bien-fondé de sa thèse, ou hésitait à s'opposer de la sorte aux dires d'Henri Beyle.

Quelle que soit la raison, ces pages attestent que le jeune Proust a déjà commencé à formuler cette révision de la théorie stendhalienne sur la naissance de l'amour qu'il précisera avec maîtrise dans le prologue d'*Un Amour de Swann* où il chargera la mémoire (volontaire) de Charles Swann précisément de conserver le souvenir de quelques « perfections » d'Odette – voire de certains propos tendres, de certains traits de son visage – dont Swann façonne petit à petit une sorte de « poupée intérieure » faite à l'image d'Odette et qui ne tarde pas à siéger au centre de ses rêveries solitaires[15].

Ces pages attestent ainsi d'autre part que si Proust hésite encore à nommer la mémoire, il refuse également d'assigner le rôle reproducteur tout carrément à l'imagination comme il le fait par ailleurs, notamment dans un passage où Jean évoque le visage chéri de sa tante Desroches (*JS*, 785-6) ; passage qui ne se rattache pas à une histoire d'amour, mais qui nous intéresse pourtant puisqu'il semble avoir été rédigé à une époque où Proust fut de plus stricte obédience stendhalienne ; époque sans doute antérieure à celle où il rédigeait ces pages sur l'amour de Jean pour Mme S.[16].

À la suite du petit dialogue où Jean cherche à renouveler toujours ses premières perceptions de Mme S., le narrateur reprend le fil intérieur pour nous dire quels résultats extraordinaires et inattendus Jean a obtenus par cette rhétorique galante : «*Et en effet certains soirs où, de profil, les cheveux défaits, très gaie, elle lui avait dit des choses plus tendres, il s'était senti la réaimer davantage et le lui faisait savoir pour l'exciter à recommencer.*» (*JS*, 749).

Ainsi notre amoureux, qui ne cherchait que son plaisir en priant Mme S. de satisfaire à ses demandes, découvre qu'en effet, par sa douce complaisance elle a trouvé le moyen non seulement de renouveler mais encore d'accroître son amour pour elle. Et bien que Jean soit chargé ici de constater simplement, sans l'éclaircir, le changement qui s'est opéré en lui, nous autres lecteurs, nous savons qu'il suffit de bien lire cette phrase pour comprendre que les progrès inespérés réalisés par l'amour de Jean s'expliquent par le fait qu'il a pu enfin percevoir ensemble et en même temps les doux propos rassurants et le profil admiré de Mme S., appréhender simultanément les phénomènes chéris perçus jusqu'ici séparément.

Peu importe d'ailleurs que Jean ignore les causes de cet amour grandissant, l'important c'est qu'il s'en félicite et au point de renouveler ses demandes, abandonnant tout prétexte galant, désormais inutile, pour prier tout simplement Mme S., dans l'intérêt de leur amour de continuer de lui présenter comme auparavant l'image de ce qui lui plaît : « *Et tout cela, la gentillesse pour lui, la gaîté qui semble effacer [...] tout souci, les cheveux défaits sur le profil* » (*JS*, 749), Jean désire maintenant goûter tout cela auprès d'elle, « *parce que c'est ainsi qu'elle était elle, c'est-à-dire cette tête mystérieuse interposée entre lui et le bonheur dont les rayons ne pouvaient venir que d'elle (une femme, quand nous y pensons, n'étant pas toute elle-même, mais cet aspect d'elle-même que nous associons à tant de rêveries).* » Jean, on le voit, n'a pas renouvelé ses demandes pour le seul plaisir de revoir et de réentendre ensemble, réunis chez Mme S., le pur profil et les doux propos qui ont engendré son amour, mais bien parce que ces quelques phénomènes épars qu'il perçoit ensemble maintenant lui semblent résumer en quelque sorte cette femme, représenter comme la quintessence de sa personnalité, voire se conformer à la nouvelle image intériorisée qu'il s'est faite d'elle. Image qui vient usurper complètement la place occupée jusqu'ici par le profil « *momentanément charmant* » (*JS*, 745) dessiné avec netteté et précision dans l'esprit de Jean et qui, loin d'offrir un portrait schématique mais plus ou moins ressemblant de la bien-aimée, prend la forme à la fois vague, poétique, et insaisissable d'une « *tête mystérieuse* » (749), source non plus seulement d'un certain charme nouveau, mais du bonheur de Jean. Image bien calculée, donc, pour nous indiquer que Jean est ainsi parvenu à un stade fort avancé et, partant, plus sérieux de cet état d'esprit bizarre que le narrateur avait dénoncé dans le préambule — c'est-à-dire que sa vie intérieure se trouve désormais systématisée par cette singulière opération de l'esprit que Stendhal a nommée la *cristallisation*. Développement que le narrateur ne saurait approuver et qui explique sans doute pourquoi il ouvre ici la parenthèse soulignant le caractère foncièrement partiel de toute image de la bien-aimée : l'image intériorisée de Mme S. a beau se transformer en une tête mystérieuse, elle n'en demeure pas moins aussi schématique que le profil pur qu'elle remplace, n'étant composée, comme lui, qu'à partir des quelques fragments épars de Mme S. qui ont engendré l'amour de Jean[17].

La cristallisation de l'image intériorisée n'est pas la seule conséquence de l'amour grandissant de Jean, car en renouvelant ses demandes auprès de Mme S., il se montre bien plus exigeant. Lui qui naguère osait à peine suggérer qu'elle continuât à le recevoir chez elle tous les soirs, réclame maintenant en toute candeur la permission de lui faire ces visites quotidiennes et insiste même pour qu'elle le dise ouvertement, non pas seulement pour lui faire plaisir, mais en témoignage de la situation privilégiée dont il jouit maintenant auprès d'elle. Ainsi ces visites, Jean les revendique maintenant, non plus comme une faveur, mais comme un droit et voit en elles la preuve non seulement d'une réciprocité des sentiments, mais aussi de son statut d'amoureux attitré ; il ne lui suffit plus de savoir dans son for intérieur que Mme S. est à lui, ce qu'il désire maintenant, c'est que d'autres le sachent aussi[18]. Heureusement Mme S. a la bonté d'agréer ces prétentions et la sagesse de comprendre que les douces paroles que son amoureux aime entendre dans le tête-à-tête de leurs rendez-vous intimes sont encore plus agréables prononcées devant un tiers. Ce qui permet au narrateur d'étaler lentement devant nous dans cette seule phrase d'une longueur et d'une complexité exceptionnelles pour ne pas dire vertigineuse, cet admirable échantillon des propos tendres de Mme S. :

Et s'il y menait un ami, il était content qu'elle lui demande devant l'ami de rester après lui, qu'elle dît son petit nom, qu'elle fît de lui des éloges ou des critiques qui impliquaient qu'ils avaient une vie à eux, qu'elle dise : « Si vous le connaissiez aussi bien que moi », qu'elle parlât de choses qu'ils avaient lues ensemble, pour montrer que leurs idées étaient communes, qu'il y avait en elle quelque chose de déposé par lui, qu'elle dise : « Voilà ce livre que vous avez oublié, pensez à répondre à Mme [Z][19], voilà dix jours que je vous le dis » pour montrer qu'elle se souciait qu'il fût poli, que leurs obligations étaient les mêmes, et que leurs projets du lendemain, ils les arrêteraient ensemble, qu'elle dît : «Irez-vous là? si oui j'irai, sans cela si vous aimez mieux venir ici, venez, tout ce que je veux c'est vous voir. »   (*JS*, 749-50)

Voilà que Mme S. fait enfin acte de présence pour nous permettre de l'entendre prononcer quelques-unes de ces paroles tendres et rassurantes qui ont joué un rôle si important dans la naissance et l'évolution de l'amour de Jean — propos qui en disent long sur l'intimité quasi familiale de ces longues heures de tête-à-tête que nos chastes amoureux passent ensemble tous les soirs. Car il suffit de parcourir ce petit discours de Mme S. pour comprendre que ce que Jean a trouvé chez elle, c'est un autre chez lui où il passe son temps à lire et à écrire ; à rédiger sa correspondance, à s'entretenir longuement avec sa bien-aimée de ses projets mondains, de ses lectures, des idées et des goûts qu'il partage avec elle : occupations accomplies sous la tendre vigilance d'une femme, qui s'entend à merveille à dresser son jeune soupirant, qui sait jouer tantôt l'épouse chérie, tantôt la petite maman, mettre toute son adresse à louer discrètement ses bonnes qualités, à lui reprocher ses défauts, à flatter la vanité puérile qui le fait amener un camarade pour témoigner de ses « bonnes fortunes», étalant complaisamment devant lui l'affection qu'elle réserve à son jeune cavalier. Bref, ce petit discours on ne peut plus révélateur nous laisse entrevoir que le singulier amour-passion platonique que Jean a voué à la charmante et mystérieuse Mme S. n'est autre que l'attachement d'un très jeune homme, voire d'un adolescent, pour une femme d'un certain âge qui aurait eu l'habileté d'accueillir les hommages de son jeune soupirant et de lui imposer les distances voulues par une telle liaison. On peut presque en conclure que ce petit traité en marge de Stendhal a été inspiré d'une amourette que le jeune Marcel Proust aurait eue pour une des jolies et élégantes bourgeoises, mères de ses camarades de classe au lycée, dont il fréquentait les salons si assidûment aux environs de 1890.

Mme Geneviève Straus, il va sans dire, serait la meilleure candidate pour cette place d'honneur. Il suffit d'ailleurs, pour se convaincre que c'est bien elle qui est cachée derrière ce S, de lire un peu attentivement, et dans leur ordre chronologique, les toutes premières lettres que Proust lui adressait (entre 1890 et 1893), et où on relève maints détails qui décèlent les péripéties d'une vraie fantaisie d'adolescent, depuis le premier envoi de fleurs jusqu'à la lettre de « rupture » où le petit Marcel reproche à Mme Straus, entre autres choses, son « invisibilité » et son manque d'égards pour les dévouements de l'amour platonique [20].

Si ce petit discours s'accompagnait d'un portrait tout aussi détaillé des traits de Mme S., on arriverait sans doute à établir définitivement l'identité de la cruelle cachée derrière cette initiale. Et certes un tel portrait serait de rigueur ici — avec l'apparition de l'héroïne, le lecteur s'attend tout naturellement à la voir, aussi bien qu'à l'entendre. D'autant plus que l'amour de Jean a mûri au point qu'il peut se complaire désormais à appréhender simultanément son profil admiré et ses propos rassurants et tendres, phénomènes qui ont déterminé tous les deux, d'abord séparément et ensuite ensemble, la naissance et l'évolution de cet amour. En effet le narrateur a si soigneusement organisé son récit de façon binaire afin de démontrer que l'amour de Jean a été formé à partir de deux « ensembles » distincts de phénomènes perceptibles (autrement dit, à réduire l'amour de Jean à une formule), qu'on a du mal à imaginer qu'ayant pris tant de peine à composer le petit discours de Mme S., il pût négliger le développement parallèle qui aurait détaillé ses traits. Plus important encore, un portrait accompagnant ces propos fournirait au narrateur l'occasion de donner des éclaircissements sur ce nouveau stade de l'évolution de l'amour de Jean, et lui permettrait en particulier d'expliquer comment, en conséquence, cet amour s'est accru au point de donner maintenant de Mme S. cette nouvelle image intériorisée, cette tête mystérieuse qui, comme nous l'avons déjà fait remarquer, semble bien signaler que l'amour de Jean a atteint enfin le point que Stendhal a nommé la *cristallisation*. Certes, il est bien temps que l'amour parvienne à ce point, et le narrateur, l'ayant amené au troisième stade de son évolution, semble avoir voulu réserver à la cristallisation la place d'honneur qu'elle mérite dans un traité romanesque d'obédience stendhalienne. Il s'agit après tout du concept fondamental de la théorie stendhalienne de l'amour[21].

Il s'agit aussi d'un concept que le narrateur ne saurait passer sous silence car, grâce à cette tête mystérieuse qui a pris la relève du «*profil momentanément charmant*» (*JS*, 745), Jean atteint ici un stade plus avancé, voire plus sérieux, de cet état d'esprit bizarre que le narrateur s'était chargé de dénoncer dans le préambule. La cristallisation de l'image intériorisée serait pour lui la pleine réalisation de «la poésie», de cet état d'esprit singulier des amoureux que Stendhal avait prôné comme le plus grand bien de l'amour, et qui explique en grande partie l'enthousiasme qu'il a toujours réservé à cette passion. Elle serait aussi, par sa nature même, ce qui inciterait le narrateur à glisser derrière le dos de Jean des commentaires faisant suite au préambule, et nous rappelant, à nous autres lecteurs, le caractère incongru de cette image, l'absence de tout rapport réel entre elle et la vie intérieure de Jean, la vanité et la vacuité d'esprit qu'elle entraîne, et qui est pour lui le grand fléau de l'amour. Bref, ce serait l'occasion de nous rappeler que, à la différence de Jean, tout en partageant les vues théoriques de Stendhal sur l'amour, il ne partage guère son enthousiasme pour cette passion, et qu'en fait il a entrepris de rédiger ce traité stendhalien en marge de l'amour non pas pour célébrer cette passion, mais pour la démythifier.

Mais pour des motifs qui ne sont guère transparents notre narrateur se détourne de cette occasion, donnant à l'histoire une tournure tout autre.

II

BRUSQUEMENT, sans transition, le narrateur abandonne le doux train-train de ces rendez-vous habituels pour entamer le récit d'une série de rendez-vous particuliers qui réservent au lecteur bien des surprises[22]. Le lecteur se trouve donc «*Un soir*» (*JS*, 750) transporté subitement à la sortie d'une soirée mondaine au moment où s'en vont en même temps un homme et une femme — couple anonyme qu'on présume naturellement être Jean et Mme S.[23] —, elle pour rentrer chez elle, lui pour se rendre à une soirée où elle n'est pas invitée. Et le lecteur, déjà un peu déconcerté d'être ainsi subitement transporté dans ce nouveau décor qui est étranger, voire même contraire à l'amour[24], l'est encore davantage d'entendre prononcer par la femme ces phrases à la fois curieuses et banales : «*Il est onze heures, allez là-bas. Je rentre, mais je vous attendrai, ne manquez pas de venir à minuit et demi.* ».

Cette invitation assez péremptoire ne rappelle guère le ton câlin de notre héroïne, et elle semble bien fixer un rendez-vous non pas d'amoureux, mais d'amants. Cette seule précision d'heure suffit à faire comprendre que ces propos s'adressent à un homme qui peut espérer toutes les faveurs[25]. Plus déconcertante encore est la réaction de l'homme à qui s'adresse cette impérieuse invitation : «*Il savait bien que cela lui était égal, mais était ravi d'une si grande gentillesse qui fermait d'avance la porte à toute jalousie, doute sur ses soirées.* » (*JS*, 750). Loin de voir dans ces propos prometteurs la moindre assurance de réciprocité affective, il n'y voit que le signe de la parfaite indifférence de la femme, indifférence que du reste il note avec une lucidité et un calme qui semblent bien traduire une réelle tiédeur de sa part[26]. Son «ravissement» devant cette «gentillesse» n'indique aucun enthousiasme de sa part. Il lui en sait gré pour des motifs purement négatifs, voyant dans la visite ainsi proposée non pas une promesse de plaisir mais le moyen de prévenir l'intrusion d'un rival, et ainsi de se protéger contre les souffrances de la jalousie ; passion bien terrible, certes, mais qui n'a jamais troublé l'âme de notre sigisbée bienheureux et comblé.

Et dans les phrases suivantes, où il s'exécute enfin et de bien mauvais gré pour accéder aux vœux de la dame, cette tiédeur se manifeste de façon tout à fait ouverte :

Dans l'autre soirée il s'amusa et vers minuit et demi était bien ennuyé de partir pour aller la rejoindre. Il pleuvait, il ne trouva qu'une voiture découverte et pendant tout le trajet n'était qu'à demi content. Car du moment que par sa demande il savait qu'elle n'avait que lui à voir, il eût mieux aimé dormir chez lui sur cette certitude que de lui redire encore une fois bonsoir. (*JS*, 750)

Il n'est guère besoin d'être grand clerc pour comprendre que nous avons affaire à un homme à tel point blasé de ce doux plaisir de voir la bien-aimée, et de l'entendre, qu'il préfère les divertissements du monde aux rendez-vous intimes, et que pendant tout le morne trajet qui l'amène chez elle, loin de remplir sa solitude de rêveries où flotte son image chérie, il s'occupe, au contraire, de s'expliquer par une logique maussade pourquoi il aurait préféré rentrer chez lui directement sans faire ce détour, désormais superflu, — la visite, proposée, étant de ce fait même inutile. (Il va sans dire que le morne trajet de cet amant blasé sous la pluie forme en fait l'exact contrepied des trajets de retour que faisait Jean tous les soirs en sortant de chez Mme S. dans sa voiture découverte, où il se plaisait, par les belles nuits brillantes, à contempler la face pure de la lune tout en songeant au profil pur et souriant de Mme S. .)

Cet homme nous réserve pourtant encore des surprises, une fois arrivé chez son amie :

Et bien qu'il n'ait pas eu grand plaisir à revenir aussi tard la voir, il la remercia avec effusion pour qu'elle comprît que ce genre de propositions, en supprimant d'avance toute supposition de soirée prise avec d'autres que lui, en empêchant la naissance de la jalousie, devait perpétuer, comme il le disait, devait au contraire, il le savait, amener la mort douce de son amour. (*JS*, 750-1)

Certes la phrase est boiteuse mais le sens n'en demeure pas moins parfaitement clair : les fervents remerciements s'inspirent des mêmes motifs négatifs que naguère le ravissement, auquel se joint maintenant un autre motif, passé sous silence jusqu'ici et qui sert aussi à expliquer cette singulière gratitude dont cet homme fait montre devant des propos qu'il juge pourtant dépourvus de sens. C'est qu'ils réalisent un double but, servant non seulement à empêcher la naissance de cette passion qu'il veut à tout prix éviter, la jalousie, mais bien aussi à hâter la fin de cette autre dont il veut à tout prix sortir : l'amour.

Ainsi, non seulement cet homme est conscient de l'indifférence de son amie, mais il sait qu'il peut lui aussi parvenir à cet état, et tel est en effet son désir[27]. Désir aussi peu stendhalien que possible qui le place aux antipodes de Jean qui, lui, était un enthousiaste de l'amour et qui prisait les rendez-vous intimes que sa bien-aimée lui accordait précisément parce qu'ils lui fournissaient le moyen de prolonger et d'accroître son amour pour elle[28]. Désir qui a ses origines sans doute dans l'indifférence de son amie[29], mais qui est de toute façon bien près de se réaliser, puisque chaque phrase de cette petite scène sert à démontrer que lui aussi a déjà fait de réels progrès vers ce but. Car certes on peut avoir du mal à comprendre pourquoi le narrateur a choisi d'introduire de la sorte, si abruptement, ce curieux épisode, mais il n'est guère permis de douter qu'il ait tenu par là à nous présenter un texte qui forme en fait la contrepartie du récit de l'amour de Jean pour Mme S. — que loin d'illustrer les premières phrases tendres et ardentes d'un amour platonique en pleine évolution, cet homme blasé et désabusé en matière amoureuse sert à nous représenter une des dernières phases d'un amour sensuel déclinant et moribond.

Cet épisode nous montre, en d'autres termes, que notre narrateur, pour qui l'amour est un phénomène bien passager[30], s'intéresse également au problème de la naissance et de la mort de cette passion et, partant, a voulu organiser un récit qui démontre non seulement comment nous entrons dans cette « phase bizarre de la vie » mais aussi comment nous en sortons, voire éclairer le lent et graduel processus du déclin et de la mort de l'amour qui avait si peu d'intérêt pour son maître à penser. Rappelons que Stendhal, dans son célèbre essai sur l'amour, ne dit pratiquement rien du déclin et de la mort de cette passion. Certes il veut bien admettre que l'amour meurt, et y fait même allusion à plusieurs reprises ; mais jamais il ne s'attarde à expliquer ni comment ni pourquoi cette passion meurt, à commenter les phases, les causes, les conséquences de son déclin, c'est-à-dire à ériger une théorie sur cette question, qui formerait le pendant à sa théorie de la naissance de l'amour[31].

Ce qui revient à dire bien entendu que cette petite scène, loin d'avoir été rédigée en marge de *De l'Amour*, loin de se fonder, comme le récit de l'amour de Jean pour Mme S., sur un célèbre texte stendhalien, a dû être composée sans l'appui de Stendhal, que le narrateur a dû se passer du Maître et même le dépasser, pour achever le système laissé inachevé par lui et formuler ici de son propre chef une théorie du déclin et de la mort de l'amour.

Tâche relativement facile, d'ailleurs, car en bon disciple de Stendhal il lui faut simplement faire marche arrière, renverser, pour ainsi dire, le système que le maître avait exposé en racontant la naissance et l'évolution de l'amour de Jean pour Mme S., démontrer notamment comment le plaisir dérivé de la perception de la bien-aimée, ce plaisir de la voir et de l'entendre qui forme le moteur de l'amour décroît peu à peu au point de disparaître complètement[32]. De sorte que cette sensation voluptueuse qui se faisait toujours plus intense dans l'amour naissant de Jean pour Mme S. se trouve au contraire à tel point diminuée dans l'amour déclinant de cet homme qu'il n'attache plus aucun prix à cet insigne privilège des amants et des amoureux, les rendez-vous accordés. Et devant ce privilège qui sans doute autrefois faisait son bonheur, il n'éprouve plus que deux sentiments en apparence contradictoires mais au fond profondément complémentaires : d'abord une certaine gratitude, intense et réelle, pour l'invitation parce qu'elle le protège des souffrances de la jalousie et qu'elle lui ouvre les perspectives de l'indifférence ; ensuite la mauvaise humeur, voire la véritable maussaderie qui l'anime au cours du trajet qu'il fait pour accéder à sa demande et se rendre enfin à ce rendez-vous chez elle, dont il la remercie si chaleureusement mais auquel il ne désire pas se rendre, préférant ou bien rester à la soirée mondaine ou bien rentrer directement chez lui.

*

Nous tenons toutefois à rappeler ici que le narrateur a pourtant mis dans la bouche de cet homme un monologue intérieur où il explique les motifs de son acte en des termes tout à fait inattendus : «*Je ne reste pas à cette soirée car il y a une femme que j'aime et que je vais voir. [...] C'est que maintenant il y a autre chose dans ma vie que les plaisirs mondains, quelque chose de plus doux, puisque je les lui sacrifie.*» (*JS*, 750). Ensuite, adoptant le *nous* universel du narrateur, il généralise son cas : «*Et c'est un grand charme, quand nous ne sommes pas la clef de voûte de notre existence, quand elle tient ainsi à une personne, que nous ne nous sentons pas seuls, mais deux, de sorte que nous avons presque en nous-mêmes, une sorte d'inconnu, étant à la fois nous-mêmes et*

quelqu'un que nous ne connaissons pas d'avance comme nous. »
Faut-il en conclure que cet homme, par ailleurs si lucide, est en fait ignorant des sentiments que le narrateur omniscient lui a attribués au cours du récit — ou bien que cet amant blasé et désabusé débite simplement par la force de l'habitude des notions, des attitudes qui étaient les siennes à l'époque naissante de son amour (notions que certes le narrateur déplore, mais qui pourraient très bien convenir à Jean, comme à tout amoureux, au début de son amour)? Ce qui est certain, de toute façon, c'est que ce passage nous laisse tout aussi perplexes que cette digression secondaire que le narrateur a insérée dans ses commentaires sur l'amour de Jean pour Mme S.

*

Mais pour en revenir au récit, notons enfin que la gratitude et la maussaderie provoquées chez cet homme par l'invitation de son amie se trouvent brusquement éclipsées, et l'état d'indifférence qu'il désire atteindre est remis à plus tard, car cet épisode — comme on pouvait s'y attendre du reste — ne sert point à amener un récit décrivant la mort progressive de son amour déclinant mais bien au contraire un deuxième épisode décrivant la brusque irruption de cette nouvelle passion qu'il redoute et à laquelle il désire tant échapper : la jalousie.

C'est ainsi que brusquement, « [l]e lendemain » (*JS*, 751), nous assistons à une nouvelle petite scène de séparation entre les amants placée, celle-ci, dans le décor intime que nous venons de quitter, c'est-à-dire chez l'amie, qui cette fois allègue la fatigue d'avoir veillé si tard l'autre nuit, pour demander au monsieur, dès minuit, de partir. Des propos inattendus, certes bien inoffensifs, et qui pourraient même plaire puisqu'ils ne font qu'abréger une visite à laquelle l'interlocuteur ne tenait guère, mais qui pourtant vont déclencher chez lui une nouvelle manière de penser, de sentir et de se comporter, qui tranchera complètement avec les routines de l'indifférence. Contraste frappant qui se manifeste aussitôt prononcée la demande de son amie : «*Il lui dit au revoir, non sans avoir regardé dans l'autre chambre, et partit.*». Le voilà donc qui s'exécute de sang-froid, sans délai (c'est-à-dire sans montrer les émotions et les hésitations de naguère). Et, plus important encore, voilà qu'il fait un troisième geste, nouveau, singulier, jetant dans *l'autre* chambre ce coup d'œil muet et révélateur du doute que ces propos anodins ont éveillé en lui[33].

À la suite de ce rendez-vous brusquement écourté, pas un mot sur le trajet de retour ; à la place, il y a le récit d'un deuxième trajet on ne peut plus insolite : «*Rentré chez lui, il eut envie de ressortir, il prit un fiacre qu'il lâcha non loin de chez elle et entra dans la rue.*» (*JS*, 751). Sur les idées et les sentiments formés pendant ce curieux trajet, le narrateur — qui semble avoir troqué les procédés du roman psychologique contre ceux du roman policier — ne nous renseigne guère (comme en témoigne ce vague «*eut envie*» qui n'éclaire rien). Jugeant sans doute que ce singulier retour s'éclaire de lui-même, il lui semblait donc superflu de nous expliquer que le doute qui vient d'effleurer l'esprit de cet homme ayant pris tout d'un coup la forme plus définitive d'une «*supposition de soirée prise avec d'autres que lui*», celui-ci est retourné chez son amie précisément dans le but de poursuivre, sur place, une surveillance des lieux. Effort qui est d'ailleurs vite récompensé car à peine s'est-il engagé dans la rue que son regard est frappé par un objet qui retiendra désormais toute son attention : «*Et tout de suite il aperçut entre les volets fermés de deux petites fenêtres la lumière dorée qui emplissait la chambre.*»

Et le narrateur de nous expliquer que cette lumière dorée avait une fonction et une signification tout à fait particulières, qu'elle était comme un gage de la présence de son amie, qui servait d'ordinaire à lui montrer qu'elle était rentrée pour les rendez-vous intimes du soir[34]. Mais du seul fait qu'elle brille ainsi à cette heure

31

indue plus de deux heures après son départ, ce gage de la présence de son amie se transforme subitement dans son esprit en « *la preuve détestable qu'elle avait avec elle ce quelqu'un pour qui elle l'avait fait partir* » (*JS*, 751). L'homme en un mot s'est lancé, à la manière d'Othello, dans un de ces raisonnements qui sont le propre des jaloux pour conclure que la seule vue de cette fenêtre éclairée constitue la preuve non seulement de la présence de son amie, mais bien aussi de sa trahison, voire de la présence auprès d'elle du rival redouté[35]. Armé de cette preuve il tient à déterminer l'identité du rival, ce qui l'amène à couronner son enquête par un troisième geste plus singulier encore que les deux premiers : « *Sans faire un bruit il se baissa, colla les yeux contre l'auvent pour voir par la fente, mais les volets obliques ne laissaient rien voir.* »

Le désir de voir, il est clair, revêt dans la jalousie toute l'importance qu'il avait dans l'amour avec cette différence, bien entendu, que le jaloux vise un « objet » inconnu et non encore perçu, qui ne lui inspire aucun plaisir, bien au contraire. Frustré par les volets obliques dans son effort pour voir l'inconnu, il lui est par contre possible d'entendre à travers les fenêtres ouvertes « *le bruit d'une conversation* » (*JS*, 751) — évidence auditive qui se convertit aussitôt en « preuve » étayant celle fournie par la fenêtre éclairée.

Et le narrateur ayant ainsi fourni au jaloux cette deuxième pièce à conviction, le fige ici, accroupi sous la fenêtre de son amie, pour faire enfin le constat de la vie intérieure qui anime ce personnage dans ces circonstances extraordinaires. Remontant en arrière, il précise d'abord les idées qu'éveillent en lui les paroles de son amie, c'est-à-dire le doute vite transformé en certitude par la vue de la fenêtre éclairée. Il en vient ensuite à évoquer son état d'âme actuel, la souffrance, la colère et la haine que lui inspire cette double évidence de la duplicité de son amie et du tranquille bonheur du couple ennemi. Sentiments pénibles qui cèdent bientôt la place à la satisfaction — on dirait presque au plaisir — d'avoir triomphé en quelque sorte de ces deux adversaires : «*Mais du moins il venait de remporter sur eux comme une sorte d'avantage, il les tenait là et s'il frappait pour se faire ouvrir la fenêtre, ce serait tout de même lui qui serait en ce moment-là le vainqueur, puisqu'[...]en ce moment ce n'était pas lui qui était trompé, qui était la dupe, mais eux.*» (*JS*, 751). Satisfaction qui se trouve pourtant atténuée et de façon fort curieuse par les réflexions que voici : «*Et puis, il avait comme la connaissance d'un fait dans ce mystère qui le troublait si douloureusement. Il se disait : au moins j'ai appris cela, je sais cela. Loin que sa vie à elle fût quelque chose qu'il ne connaissait pas, qui échappait à ses prises, voici qu'un hasard, comme un grand coup de filet, lui en amenait toute une partie.*» (751-2).

Ainsi, malgré la certitude faite dans son esprit par la vue de cette fenêtre éclairée, le mystère de l'inconnu dans la vie de son amie demeure — mystère dont le drame qui se déroule dans cette chambre éclairée derrière les volets clos ne forme qu'une faible partie — pour lui inspirer sous une calme joie triomphale le trouble douloureux qui agite cruellement son âme pendant les longues heures solitaires passées loin d'elle. Et l'hypothèse « Si je frappais» se transformant tout d'un coup en résolution, ces deux émotions si contraires partagent son âme lorsqu'il hésite avant d'agir, tiraillé entre la honte de montrer, en frappant, qu'il était revenu, «*mais d'un autre côté [ne pouvant] pas résister au désir qu'ils sachent qu'il était là, qu'il avait tout su*» (*JS*, 752). Motifs puérils et de pure vanité auxquels s'ajoutent ces réflexions bien plus sérieuses : «*Et puis toutes ces choses qui de loin, quand il pensait que cela se faisait à son insu, sans qu'on voulût de lui, presque contre lui, le troublaient, il semblait qu'en les voyant, en y survenant, quelque honte qu'il eût, quelque ennui qu'il eût à répartir, après du moins il leur aurait enlevé leur mystère.*» [36].

Ainsi le désir, on dirait presque le besoin de voir, que le doute a réveillé en lui et qui a déterminé jusqu'ici chacun de ses gestes insolites, loin de s'effondrer devant l'obstacle de ces volets clos, se fait plus insistant encore, pour le pousser à accomplir le geste le plus extraordinaire de la soirée : frapper pour se faire ouvrir. Geste qui lui permettrait non pas simplement d'établir l'identité du rival mais bien plus encore de saisir les malfaiteurs en flagrant délit, de voir enfin, de ses propres yeux, ces choses inconnues qui se font en son absence. Geste auquel il est d'autant plus résolu qu'il a comme le pressentiment que le seul spectacle de ce couple ennemi surpris ainsi en train de le trahir, une fois imprimé sur sa rétine, finirait par dissiper le mystère de la vie de son amie − et partant par calmer le trouble douloureux que ce mystère lui inflige. Notre jaloux, en d'autres termes, entrevoit obscurément que ce spectacle démystifiant, il l'emportera avec lui transformé en une image intériorisée qui viendra le hanter pendant les heures solitaires passées loin de son amie pour apaiser peu à peu les souffrances de la jalousie[37]. Le voilà donc sur le point de commettre l'acte le plus extraordinaire de la soirée, le cœur battant fort dans sa poitrine « *comme quand il va se faire un grand changement en nous* » (*JS*, 752). « *Et en effet il sentait qu'à sa vue, dans l'embarras de sa survenue, son angoisse allait se changer en confusion, en colère et en dégoût de lui-même et d'une vie qui avait subitement perdu son charme.* » Il entrevoit donc aussi, obscurément, que la seule perception de son amie[38] dans ces circonstances incriminantes suffira à faire éclater tout de suite l'angoisse qu'il ressent en ce moment[39], en de nouvelles émotions très vives, particulièrement le dégoût de tout ce qui a fait jusqu'ici le charme de sa vie. C'est-à-dire par démolir en lui *hic et nunc* cette sensation voluptueuse particulière née de la perception de son amie et qui est à la fois l'apanage et le grand ressort de l'amour[40]. Perspective qui annonce un changement si profond de sa vie affective qu'il lui fait battre le cœur et amène le narrateur à intervenir, pour nous le suggérer.

*

Mais avant de pouvoir enfin passer à l'action, notre personnage se trouve immobilisé plus longtemps encore, figé sur place par une singulière digression d'une trentaine de lignes où le narrateur diffère encore le dernier geste du jaloux pour s'étendre sur *« une sorte de plaisir »* (*JS*, 752) qu'éprouvait celui-ci *« à sentir ces faits qu'il allait toucher »* (*sic*). Ce qui explique ce curieux plaisir, c'est que la jalousie, qui nous inspire *« une curiosité si passionnée à savoir tout ce que fait la personne que nous aimons, faisait pour lui de ce morceau de vie secrète, [...] quelque chose d'un intérêt immense et qui [...] donnait à son intelligence comme une certaine satisfaction »*. S'il hésite à frapper, c'est qu'il *« savait bien d'ailleurs que cela ne servira à rien qu'à le faire détester d'elle »*, *« mais qu'importe : nous mettons souvent la satisfaction immédiate d'un besoin [...] bien au-dessus de plaisirs plus grands et plus durables, s'ils sont plus lointains. Presque tous nous fauchons en herbe les biens qui nous auraient été de riches moissons. »* (752-3).

Il s'agit, on le voit, d'une sorte de rallonge au récit intérieur servant d'appui à des commentaires où le narrateur se complaît à relever quelques « vérités » d'ordre général, parodiant celles dont il avait rempli le récit de l'amour de Jean pour Mme S. — mais dont il s'est notablement abstenu d'arrondir ces pages consacrées à l'indifférence et à la jalousie de cet homme anonyme. Développement d'autant plus surprenant que ces prétendues vérités, à la fois fort douteuses et fort banales, servent à éclairer un récit intérieur en flagrante contradiction avec celui qui le précède, où le narrateur a exposé en si grand détail l'état d'âme actuel et habituel du jaloux. Car ce qu'on y explique au fond c'est que *« ce morceau de vie secrète »* (*JS*, 752) caché derrière les volets provoque agréablement son intérêt, et lui fournit même une certaine satisfaction, parce que la jalousie nous inspire à nous tous une curiosité passionnée pour les faits et gestes de la personne que nous aimons, et donc que cet homme pleinement conscient de l'inutilité de frapper ne tient à le faire que pour se faire le plaisir de satisfaire à sa curiosité. Explications bien faites pour confondre le lecteur qui vient précisément d'apprendre que le mystère caché derrière les volets inspire au contraire à ce jaloux un trouble douloureux et qu'il est d'autant plus résolu à frapper qu'il sent que cet acte, en le démystifiant, le délivrera des tourments de la jalousie. Et pour nous confondre davantage le narrateur couronne ces dires en déplorant cet imprudent sacrifice au plaisir de la curiosité — en des termes qui font croire qu'il a complètement oublié que son personnage est déjà si blasé en matière d'amour qu'il ne tient à surmonter sa jalousie que pour mieux poursuivre ses progrès vers l'indifférence.

Enfin, cette curieuse addition sur les plaisirs de la jalousie complète en quelque sorte le monologue intérieur sur les charmes de l'amour inséré au milieu de la scène sur l'indifférence — pour nous révéler que le narrateur s'attache avant tout, dans ces écarts déconcertants, à attribuer à cet homme anonyme, pénétré d'indifférence et de jalousie, un certain matérialisme plus ou moins stendhalien.

*

Voilà qu'après cette longue digression notre jaloux, ranimé, s'exécute enfin, et que les volets s'ouvrent pour lui découvrir deux vieux hommes dans une chambre inconnue. Spectacle qui suffit à lui faire comprendre qu'il s'était trompé de fenêtre et cela précisément parce que cette fenêtre était éclairée et que lui, égaré par un faux raisonnement de jaloux, s'attendait à voir éclairée la fenêtre de son amie, voyant dans cette lumière la preuve de sa trahison. Désabusé par sa méprise il comprend que cette lumière ne prouvait pas plus la trahison de son amie que l'obscurité qui enveloppe maintenant sa chambre, la troisième là-bas à la fenêtre toute noire... Ainsi privé de son éphémère certitude, le voilà replongé dans le mystère...

Et cette singulière aventure de se terminer aussi brusquement qu'elle a commencé : notre jaloux s'éloigne tout simplement, en s'excusant, et prend un fiacre pour rentrer chez lui tout penaud. Mais c'est pour réapparaître aussitôt dans un petit épilogue où le narrateur résume en quelques phrases fort concises les suites et les conséquences de cet épisode.

Nous y apprenons d'abord que notre jaloux, qui ne racontera pas cette aventure à son amie, *«garda le souvenir de ce nouvel état de doute et d'angoisse qu'il avait connu»* (*JS*, 753), bien que l'expérience de cette nuit ne l'eût pas justifié[41]. Puis, après ce premier temps où le souvenir de cet état d'âme et d'esprit particuliers que la jalousie avait provoqués en lui le hante encore, vient un deuxième temps, le temps de l'oubli, où la douceur de son amie *«noya cette impression sous des impressions contraires»* et souvent répétées[42]. Et pourtant, *«quand elle lui disait : «je ne vous verrai pas ce soir», il avait un petit coup, disait qu'il en était heureux, mais au bout d'une heure elle-même s'étonnait de sa tristesse, de sa langueur, n'en devinait pas la cause».*

Petite scène d'une densité merveilleuse qui suffit à nous faire voir que non seulement le souvenir de cette nuit s'est effacé peu à peu mais qu'il est devenu, aussi, avec le temps, beaucoup moins vulnérable aux atteintes de la jalousie. Lui qui naguère à s'entendre seulement prier d'écourter sa visite était harcelé d'un doute obsédant qui déclenchait aussitôt chez lui toute une série de gestes insolites, ne ressent qu'*«un petit coup»* (*JS*, 753) devant ces propos lui refusant d'avance le privilège d'un rendez-vous entier. Puis sans témoigner du moindre désir de préciser les motifs de ce refus, il se contente d'y répondre complaisamment par une simple formule de politesse calculée pour masquer la souffrance que ces mots lui inspirent. Et c'est une souffrance qui ne se manifeste que lentement, sous une forme très atténuée, la tristesse et la langueur n'étant que les faibles restes de cette terrible angoisse qui s'était emparée de son âme lors de la première crise de jalousie. Bref, notre jaloux subit pendant ce deuxième temps des accès de jalousie de moins en moins aigus, au point de parvenir peu à peu à une sorte d'indifférence à l'égard de la jalousie pareille à celle qu'il a déjà atteinte dans l'amour. Ou peut s'en faut. Le lecteur averti s'attend donc à ce qu'il atteigne avant trop longtemps la fin de l'une et de l'autre passion.

*

Si telle fut l'intention du narrateur, il s'est ravisé pour juxtaposer sans transition à la suite de cet épilogue deux épisodes supplémentaires où nous voyons rebondir la jalousie de cet homme provoquant de nouvelles crises plus aiguës encore que la première.

D'abord le récit d'une première visite tout à fait inhabituelle (*JS*, 753-4), une visite d'après-midi que l'homme (qui se nomme Jean ici) fait à l'improviste chez son amie (qui demeure toujours anonyme), curieux de ses rapports avec un homme charmant dont elle avait fait la connaissance. Il arrive chez elle, sonne, entend du bruit, en conclut qu'il y a peut-être quelqu'un chez elle, frappe au carreau pour les déranger mais, comme on n'ouvre pas, s'en va. Deux heures après, il revient et la retrouve qui explique pourquoi elle n'avait pas fait ouvrir ; explications qu'il écoute en silence avec une triste curiosité, flairant le mensonge dans les contradictions qu'il relevait et l'air triste qu'elle avait en les débitant. Petite scène prolongée par des commentaires (déplacés plus loin, aux pages 756-7) sur l'impossibilité où il était de déterminer les vrais motifs de ces contradictions et de cet air triste — tant la réalité des événements échappe à nos hypothèses les plus ingénieuses, à nos pressentiments les plus justes, aux calculs fondés sur la connaissance la plus parfaite du caractère des personnes qui s'y trouvent impliquées.

Vient ensuite le récit d'une deuxième visite, le rendez-vous habituel qui ramène ce monsieur chez son amie ce soir-là comme tous les soirs (*JS*, 754-5). Visite écourtée dès son arrivée par son amie qui se déclare souffrante mais qui en le congédiant lui donne des lettres à mettre à la poste, en particulier une qui est adressée à l'homme charmant. Le voilà donc qui s'excuse, et prend un fiacre pour rentrer, rapportant la lettre chez lui ; curieux de savoir son contenu, il la lit à travers l'enveloppe à la lumière d'une bougie pour découvrir que l'homme charmant était en fait chez elle quand il était venu cet après-midi et que les explications de son amie ' n'étaient que mensonges. Ce récit est prolongé à son tour par des commentaires sur l'intérêt tout à fait particulier que l'amour (!) et la jalousie nous inspirent en nous faisant découvrir les événements de la vie de la personne qui fait l'objet de notre pensée (755-6). De sorte que l'espionnage et la curiosité deviennent comme des moyens de connaître, et l'inconnu pour nous, c'est la contingence, la réalisation particulière des événements d'une vie individuelle ; ce qui est, ce qui a été aujourd'hui, le fait, voilà ce que voudrait atteindre notre pensée. Voilà un peu de ce que cette lettre comme une sorte de coupe faite dans l'inconnu lui mettait sous les yeux ; le secret d'un événement qui faisait partie de cet inconnu que le hasard lui éclairait brusquement, faisait sortir de l'obscurité de la chambre aux volets (clos).

Il est clair que le narrateur a tenu à rajouter ces deux épisodes au drame de la jalousie pour faire répéter à son personnage l'expérience de la première crise tout en omettant les erreurs commises cette nuit-là. C'est-à-dire pour le placer dans des circonstances nouvelles et différentes, calculées pour lui fournir des preuves irréfutables du bien-fondé des doutes conçus ce soir-là et ainsi découvrir enfin non seulement la trahison de son amie mais encore le tissu de mensonges dont elle la recouvrait. Il s'agit donc de le lancer, ce jaloux, dans une nouvelle enquête couronnée de succès et motivée non par le doute, dont il n'a point été question ici, mais par une vive curiosité de tout ce que fait son amie — voire par cette curiosité passionnée que la jalousie nous inspire à nous tous et dont il a été si longuement question dans la digression sur les plaisirs de la jalousie insérée au milieu de la première crise.

Signalons enfin que ces deux épisodes supplémentaires (ainsi que la dite digression qui sert en effet à les annoncer) sont d'autant plus curieux qu'ils s'avéreront tout à fait gratuits. Proust, ayant pris la peine de les insérer ici, à la queue des deux premiers, semble les avoir oubliés tout simplement. De toute façon il n'a point construit à partir d'eux un développement théorique secondaire sur la jalousie, faisant suite et concurrence au premier, illustré par l'épisode précédent, et que nous tenons à analyser dans les pages qui suivent.

*

Pour en revenir à l'essentiel il est clair que le narrateur, en rédigeant le deuxième et plus long épisode, a tenu à montrer comment, au déclin de l'amour, naît et évolue en nous cette passion nouvelle et différente, qui en est en quelque sorte complémentaire : la jalousie. Il est également clair que le récit que le narrateur a inventé pour cette démonstration présente une théorie de la jalousie qui est la contrepartie du système exposé dans les pages décrivant l'amour de Jean pour Mme S. .

Et comme pour mieux le faire ressortir, le narrateur, au lieu de commencer *in media res* (l'amour de Jean, rappelons-le, datait d'un mois lorsque le récit commence), nous permet d'assister à la naissance même de cette nouvelle passion, déclenchée brusquement et sur place au cours d'un rendez-vous par quelques propos banals de l'amie (servant de pendant à ceux qu'elle avait lancés au début de l'épisode précédent), à savoir la prière inattendue et inhabituelle mais tout à fait raisonnable qu'elle fait à son amant d'abréger sa visite, de partir plus tôt que d'habitude et de la laisser se coucher.

Prière contre laquelle cet amant indifférent ne saurait certes maugréer, mais qui pourtant suffit à exciter en lui cette hantise du rival[43] qui lui fait encore attacher du prix au privilège de ces rendez-vous et à transformer cette hantise en doute, c'est-à-dire à créer le soupçon que ces propos de son amie soient motivés non par la fatigue mais au contraire par la volonté de céder la place à un autre, à ce rival inconnu et redouté. Et ce doute aussitôt formé en vient à occuper son esprit, c'est-à-dire à tenir parmi ses pensées cette place centrale et privilégiée qu'avait dans l'esprit de l'amoureux le profil charmant de la bien-aimée. Ainsi une fois éloigné de chez l'amie, cet homme traîne sa solitude hantée voire même harcelée par le doute, qui domine sa vie intérieure au point de déterminer chez lui un véritable état d'esprit jaloux caractérisé par une activité cérébrale non moins intense que celle engendrée chez l'amoureux mais où la rêverie fait place au raisonnement.

Et pour poursuivre l'analogie, ce doute harcelant provoque chez le jaloux un désir de voir tout aussi irrésistible que celui que le profil charmant inspire à l'amoureux − avec cette différence que l'objet visé n'est pas le visage de l'amie mais ses activités. En effet le jaloux désire non pas voir et revoir toujours le même phénomène, des traits familiers et maintes fois perçus, mais quelque chose d'indéterminé et de non encore perçu. Des faits d'abord, pour établir le bien-fondé de ce doute, le transformer en certitude ; ensuite quelques précisions sur le terrible drame qui échappe à sa vue : le visage du rival, le spectacle d'elle et de lui ensemble. Objets certes fort pénibles à voir mais qu'il désire voir précisément dans l'espoir de faire éclater à leur vue la terrible angoisse que cette crise a provoquée en lui et qui est le douloureux contrepied de ce plaisir vivace, de ce charme ineffable que l'amour confère. Cette angoisse qui n'est d'ailleurs qu'une forme particulièrement aiguë du trouble douloureux qu'il ressent d'habitude devant le mystère de l'inconnu dans la vie de son amie, hantise qui n'est que la forme latente de cette passion dont il espère se défaire peu à peu par le souvenir de ces choses pénibles inconnues et non encore perçues. Car qui dit jalousie dit souffrance, et donc le jaloux, à la différence de l'amoureux, désire non pas prolonger, nourrir sa passion, mais bien au contraire l'écourter, en sortir, fidèle en cela aux principes sensualistes gouvernant l'une et l'autre passion, l'évasion de la douleur étant le corollaire de ce principe fondamental des sensualistes, à savoir la recherche du plaisir.

D'ailleurs, cette crise provoque non seulement une nouvelle manière de penser et de sentir tout à fait particulières et propres à à la jalousie mais bien encore une nouvelle manière de se comporter non moins singulière et caractéristique de cette passion. Car ce désir de voir obsédant que le doute et l'angoisse ont engendré se manifeste aussitôt à travers cette crise par toute une série de gestes uniques qui forment dans leur ensemble un comportement de jaloux. Comportement extraordinaire aux antipodes des routines de l'amoureux qui, comme nous l'avons vu, demeure attaché toujours aux mêmes gestes, aux mêmes mots, au rituel immuable des rendez-vous intimes tous les soirs — rituel qui a tellement force de loi dans l'amour (selon notre narrateur du moins) que même cet amant désabusé sur le chemin de l'indifférence, n'est pas encore parvenu à s'en défaire[44].

En somme, dans ces pages, le narrateur s'est clairement attaché à exposer le caractère néfaste de cette passion issue de l'amour que nous nommons la jalousie. D'abord et surtout parce qu'elle est à la fois le double et le contrepied de l'amour et fonctionne comme lui, introduisant dans l'esprit non pas une image mais une idée, une notion intruse qui, telle une obsession, préoccupe l'esprit, devenant le foyer autour duquel s'organisent et se systématisent toutes les pensées du jaloux. Elle engendre ainsi un état d'esprit tout aussi bizarre et aberrant que celui créé dans l'amour par l'image intériorisée de la bien-aimée et comme celle-ci, tout à fait indigne de déranger de la sorte, pendant des mois quelquefois, la vie intérieure des hommes, surtout des hommes de talent. Ce qui est étrange, c'est qu'aucun commentaire ne fait suite au préambule pour couronner le récit de cette crise de jalousie dont chaque ligne est calculée pourtant pour faire ressortir le caractère déplorable de cette passion. Car ce qui se dégage, au fond, de ces pages, c'est que la jalousie est une passion qui dérange la vie intérieure de façon particulièrement insidieuse, accaparant l'esprit pour le plonger aussitôt dans le doute et l'erreur, en somme transformant sa victime en une sorte d'Othello moderne, modèle réduit, prompt au soupçon, aux conclusions hâtives, aux méprises insensées, et voué à des dénouements dérisoires plus pitoyables que tragiques[45].

Du reste il faut mettre aussi au passif de cette passion qu'elle n'est aucunement rachetée par l'état d'âme qu'elle inspire, cet état d'esprit déplorable qui est le propre du jaloux étant la source non pas de ce plaisir vivace et particulièrement séduisant qui fait le charme de l'amour mais bien au contraire de souffrances vives et cruelles qui rendent cette passion foncièrement rebutante. À la différence de l'amoureux le jaloux, lui, veut à tout prix échapper à sa passion ou du moins, si ce n'est pas possible, en sortir au plus tôt. À vrai dire, loin de suggérer un charme, un envoûtement, cette passion fait songer plutôt à un mal qui s'attaque comme une gangrène à l'amour moribond, lui fait des ravages terribles et lui inflige des souffrances atroces, intolérables, dont on ne guérit que lentement grâce au travail graduel et bienfaisant de l'oubli. Analogie d'autant plus tentante qu'elle est faite par le narrateur dans les autres pages de *Jean Santeuil* où il traite de cette passion cruelle[46].

Certes, il n'est guère besoin d'être adepte de Stendhal pour comprendre que la conception de la jalousie illustrée dans ces pages n'est pas celle qui se trouve exposée dans son célèbre petit essai sur l'amour. Car Stendhal, sans faire grand cas de cette passion, ne l'a pas négligée non plus, y ayant consacré deux chapitres entiers et s'étant même attaché à exposer au début du premier une petite théorie de la naissance de cette passion[47]. Rappelant d'abord le fonctionnement de cette singulière opération de l'esprit qu'il a nommée la *cristallisation*, Stendhal nous explique que la jalousie n'est au fond que le blocage de cette opération, c'est-à-dire la brusque interruption de ces douces rêveries où se complaît l'amoureux et qui font le charme de l'amour, par l'idée pénible (qui se présente comme une voix et frappe comme un coup de poignard) que ce ne sera pas lui mais un autre, un rival, qui jouira de ces perfections qu'il savoure en imagination ; idée qui empoisonne désormais toutes ses rêveries jusqu'au jour où il pourra s'en débarrasser[48].

Or il est clair que le narrateur, ainsi que Stendhal, a pris comme point de départ et comme fondement de son analyse de la jalousie cette idée du rival qui est la hantise particulière des jaloux. Mais alors que chez Stendhal cette idée demeure tout à fait neutre et amorale, la simple notion d'une concurrence possible prend chez le narrateur la forme beaucoup plus insidieuse d'un doute, c'est-à-dire d'une supposition de la part du jaloux qu'il se passe derrière son dos quelque chose de louche. C'est une supposition que le narrateur a baptisée *doute*, mais qu'il aurait mieux fait de nommer *soupçon* tout carrément puisque soupçon elle est[49], soupçon qui baigne la bien-aimée d'une certaine aura de culpabilité comme l'amour la baigne de poésie et ainsi fait du jaloux une sorte d'Othello au petit pied qui la croit capable des pires perfidies — et qui risque ce faisant de tomber dans tous les travers que Stendhal a bien reconnu être l'écueil des jaloux, et que précisément pour cette raison, il leur conseille d'éviter à tout prix[50].

Et alors que chez Stendhal cette idée du rival semble bien faire irruption spontanément, sans motif, dans les rêveries solitaires de l'amoureux (occasionnée simplement, paraît-il, par la présence parmi les connaissances de la bien-aimée d'un Autre qui pourrait lui plaire et, partant, avoir lui aussi des raisons d'espérer), le narrateur, au contraire, a pris soin de préciser les circonstances qui font naître le doute dans l'esprit du jaloux — doute provoqué non seulement

44

par la présence de son amie, mais par les propos de celle-ci, propos qui entament un tant soit peu le privilège de ces rendez-vous intimes, s'attaquant de la sorte à ce plaisir de voir la bien-aimée (et cela, paradoxalement, à une époque où ce plaisir a dégénéré en une simple habitude) qui forme non seulement le propre mais les assises mêmes de l'amour[51]. Et ce doute une fois né, loin d'interrompre seulement les rêveries amoureuses de cet homme (c'est-à-dire ce plaisir d'évoquer les traits de son amie, plaisir qui aurait dégénéré, lui aussi, en simple habitude)[52] lorsqu'il se retrouve seul, usurpe leur place au contraire, et vient à dominer toutes ses pensées comme une obsession, au point de déterminer chez lui un véritable état d'esprit jaloux qui forme comme la contrepartie de l'état d'esprit amoureux − inspirant du reste comme lui un état d'âme et un comportement tout à fait particuliers et propres à la jalousie[53].

Bref, la jalousie qui demeure au fond chez Stendhal une phase possible de l'amour naissant, un accident désagréable qui peut troubler les dernières époques de la naissance de l'amour[54], se présente au contraire chez le narrateur, comme une manière d'être nouvelle et tout à fait différente, une passion, si l'on peut dire, subordonnée à l'amour et analogue à lui, qui vient former en quelque sorte le double et le prolongement d'un amour déclinant et moribond. On n'hésite donc pas à conclure que le narrateur attache à cette passion une importance bien plus grande que ne le fit Stendhal, importance qui pourrait se mesurer au nombre relatif des pages qu'il a bien voulu consacrer à la dépeindre[55].

Or il est clair que le narrateur, qui s'est montré jusqu'ici de la plus complète obédience stendhalienne en tout ce qui concerne la conception de l'amour[56], trahit dans ces pages consacrées à la jalousie, une singulière indépendance à l'égard du Maître, puisqu'il a nettement choisi non pas d'adapter, d'ajuster la théorie stendhalienne de la jalousie, mais bien de la remplacer par une autre de sa propre invention. Et il est clair aussi que le seul motif qu'il aurait de récuser ainsi l'autorité de Stendhal en matière de jalousie, c'est qu'il aurait trouvé sa conception de cette passion tout à fait inadéquate à la réalité, c'est-à-dire peu conforme à sa propre expérience. Ce qui revient à dire, bien entendu, que le drame de la jalousie organisé autour de cet homme anonyme s'inspire tout autant de sources vécues que le récit de l'amour de Jean pour Mme S., et que ces pages où le narrateur expose sa conception de la jalousie, malgré leurs prétentions théoriques, proviennent elles aussi de souvenirs personnels — ce qui n'est guère surprenant d'ailleurs dans un livre qui se déclare dès l'épigraphe avoir été « *récolté* »[57]. Et comme dans ce couple anonyme nous avons évidemment affaire à des amants, les souvenirs personnels dont s'inspirent ces pages sur la jalousie renvoient sans doute à une liaison amoureuse non pas platonique, mais bien sensuelle — laquelle est d'ailleurs, à en croire le jeune Proust, la seule capable de produire cette terrible passion[58]. Il s'agirait donc d'une liaison où l'intimité aurait sa part et dans laquelle l'original de cette amie serait selon toute probabilité un ami, un de ces jeunes gens, camarades de lycées, mondains, artistes, hommes de lettres, que fréquentait à cette époque le jeune Proust et avec lequel il aurait entretenu des rapports tout à fait particuliers. Ainsi ces pages sur la jalousie ne seraient qu'un premier exemple parmi bien d'autres de cette aptitude de Proust à transposer ses souvenirs homosexuels en amours hétérosexuels ; aptitude qui forme comme une constante de sa carrière littéraire bien en évidence dans les pages des *Plaisirs* comme dans celles d'*À la recherche du temps perdu*[59].

À notre avis, c'est le grand ami de Proust, Reynaldo Hahn, avec lequel il semble bien avoir entretenu, tout au début de leur liaison, en 1894-96, une amitié amoureuse assez passionnée et parfois orageuse (avant de se transformer par la suite en simple amitié, constante, fidèle et durable), qui aura le plus probablement inspiré les souvenirs transposés dans ce petit drame de la jalousie. C'est une conjecture d'autant plus tentante que Proust, qui rédigeait à cette époque les pages de *Jean Santeuil*, avait confié à son ami qu'il voulait qu'il fût partout dans ce roman, tout le temps, «*mais comme un dieu déguisé qu'aucun mortel ne reconnaît*» (*Corr.*, II, 52) — et qu'on n'a pourtant pas hésité à le reconnaître dans le portrait de bien des personnages depuis Henri de Reveillon, le jeune ami noble de Jean, et Daltozzi, le pianiste, jusqu'à Françoise, la maîtresse de Jean qui figurera dans les chapitres suivants sur l'amour et la jalousie. Certes, les lettres de Proust à Reynaldo Hahn, publiées en partie seulement, laissent bien entrevoir certains traits de l'amant inquiet et susceptible qui reparaîtront dans le portrait de ce monsieur jaloux [60].

Certes, il suffit d'avoir constaté la singulière indépendance dont témoigne le narrateur vis-à-vis de Stendhal dans ce petit drame de la jalousie, pour comprendre pourquoi on ne trouve nulle part dans ces pages une de ces allusions ou de ces références au grand théoricien qui parsèment le récit de l'amour de Jean pour Mme S. . On aurait tort cependant d'en conclure à un acte de rébellion ou même d'exagérer l'étendue et la portée de cette indépendance. Car le narrateur n'a rejeté au fond que le «modèle» du maître, et non pas son enseignement. Bien au contraire, si le narrateur récuse ici l'autorité de Stendhal, c'est seulement pour pouvoir dégager, en se fondant sur sa propre expérience, les grandes lois qui gouvernent la jalousie et qui constituent dans leur ensemble la psychologie de cette passion, c'est-à-dire pour formuler à son tour une théorie de la jalousie digne de servir de complément à la théorie stendhalienne de l'amour. Autrement dit, Proust fait ici à travers le narrateur exactement ce que Sartre bien des années plus tard l'accusera de faire, à savoir chercher, en se fondant sur l'étude de soi ou de ses amis, à démonter «le mécanisme» des passions en découvrant de grandes lois psychologiques valables pour tous les hommes, partout, à toute époque et dans toutes les circonstances. Et ce faisant, de prolonger et de promouvoir (à la remorque de Stendhal, des idéologues, des sensualistes et de tout le mouvement analytique et intellectualiste issu de Descartes) cette conception essentialiste de l'homme qui présuppose l'existence d'une nature humaine universelle, immuable et toujours identique à elle-même, que Sartre juge si néfaste et dénonce comme un mythe de la propagande bourgeoise[61].

Bref, loin de ne vouloir raconter dans ces épisodes qu'une simple anecdote, le narrateur tient au contraire à y présenter une sorte de prototype ou de paradigme de la jalousie faisant suite et pendant au paradigme de l'amour présenté dans les pages décrivant la passion naissante de Jean pour Mme S.. Ce qui explique bien entendu pourquoi ces épisodes sur la jalousie se trouvent juxtaposés de la sorte au récit itératif de cet amour, car il n'y a guère de doute que ces deux textes sont censés faire partie d'un tout cohérent[62]. En effet l'acte même de les placer ainsi l'un après l'autre n'est sans doute que la première manifestation d'un effort pour les intégrer tous deux en une seule et même histoire, voire pour les présenter comme deux moments ou deux temps différents d'une seule et même histoire d'amour. Ce qui revient à dire que nous avons ici un premier exemple de cette singulière méthode de composition que Proust devait pratiquer avec tant d'éclat dans l'élaboration de la *Recherche* et qui témoigne de la volonté d'imposer une unité ultérieure aussi apparente que réelle à des matériaux d'origines différentes[63].

Rappelons d'ailleurs à ce propos que les pages du manuscrit où se trouvent ces textes sont numérotées de la main de Proust, et que selon Clarac cette pratique qu'avait Proust de numéroter certaines pages du manuscrit de *Jean Santeuil* est bien un indice de la volonté qu'il avait de rassembler quelques-uns des nombreux fragments dont se compose ce roman (voir *JS*, 980-1 et 1078). Il est toutefois curieux de remarquer que le manuscrit de ces pages numérotées, rédigées d'un seul jet et sur une variété de papiers différents, n'offre aucune évidence d'une coupure ou d'une faille, pas même un alinéa, entre le récit itératif et les épisodes. Ni le choix du papier, ni l'encre, ni la disposition des mots sur la page ne trahisssent des différences d'origine entre ces deux textes. Et il en est de même des pages suivantes, non numérotées, où se trouve le texte des deux commentaires qui marquent la clôture des épisodes, rédigées sur le même papier — que le récit itératif de l'amour de Jean pour Mme X., qui se place à la suite de ces commentaires sans aucune solution de continuité, sans même un alinéa. La raison en est sans doute que le manuscrit de ces pages numérotées et non numérotées représente en effet une mise au net, c'est-à-dire que Proust n'a fait que recopier sur ces pages le texte des fragments qu'il tenait à regrouper dans ce chapitre. Il n'est pourtant pas exclu, à notre avis, que ce manuscrit représente aussi un acte de camouflage, que le jeune Proust, ayant déjà formé l'aversion que l'on sait pour tous les gens — parents, domestiques et savants — qui auraient l'impudence de fureter dans ses paperasses et paperolles, avait déjà commencé à pratiquer l'art de brouiller les pistes.

Il s'agit, bien entendu d'un premier essai fort maladroit et, partant, peu réussi pour grouper en un tout cohérent des fragments hétérogènes[64]. Car bien que le narrateur utilise dans ces deux morceaux certaines techniques narratives qui prêtent aux deux liaisons qui y sont décrites comme un air de famille (limitation du nombre de personnages à deux, le couple, lui, étant le « sujet » et elle l'« objet » de l'amour ; organisation de l'action autour des rendez-vous intimes chez elle tous les soirs ; absence de détails descriptifs, de toute indication de date, de durée et du lieu ; économie et précision du dialogue, etc.[65]), il n'en demeure pas moins évident que loin de se fondre en une seule et même histoire d'amour, ils décrivent, chacun à son tour, deux liaisons distinctes, deux amours de natures bien différentes saisis à des moments bien différents de leur évolution, l'un platonique et naissant, l'autre sensuel et moribond.

Mais même si le narrateur avait l'adresse requise pour rattacher ce petit drame de la jalousie au récit de l'amour de Jean[66], il ne saurait pas pour autant en faire une suite convenable à ce récit et cela pour la très simple raison qu'à la différence du récit, ce petit drame ne présente pas un paradigme admissible de la passion qu'il est censé illustrer, que le modèle de la jalousie que le narrateur a choisi de présenter à la place du modèle stendhalien est au fond inadéquat à représenter le fonctionnement de cette passion chez tout le monde. Or comme nous l'avons bien vu, la tradition essentialiste que le narrateur suit ici à la remorque de Stendhal et au grand déplaisir de Sartre, promeut une certaine conception de l'homme qui présuppose l'existence d'une nature humaine universelle et immuable que nous partageons tous. Cette doctrine repose sur la notion d'une certaine identité foncière entre tous les individus dont se compose l'espèce humaine, notion qui implique à son tour celle d'une norme, c'est-à-dire l'existence d'une certaine manière d'être moyenne, habituelle et régulière qui nous caractérise tous plus ou moins. En un mot, nous nous ressemblons tous *grosso modo*, moralement et physiquement, et de même que nous avons deux yeux, un nez, une bouche, nous avons aussi certaines structures mentales et affectives en commun, de sorte que les passions qui nous agitent prennent certaines formes qui peuvent être observées, classées et codifiées en lois générales nous gouvernant tous. Ainsi, lorsqu'un écrivain tel que Stendhal s'avise d'élaborer une théorie de l'amour et de la jalousie, il suppose, tout naturellement, ce que Sartre lui reproche précisément de supposer, à savoir que ces passions fonctionnent en lui et chez ses amis comme chez tout le monde. En effet, la théorie stendhalienne de l'amour doit sa renommée en grande partie à l'accueil général fait à ces vues (en dépit de Sartre), c'est-à-dire à l'idée que cette théorie présente un ensemble de vérités générales qui expose de façon plus ou moins systématique la manière dont cette passion fonctionne chez tout le monde. Sa théorie de la jalousie, moins brillante, laisse

50

peut-être à désirer mais elle possède elle aussi cette aura de vraisemblance, elle se présente elle aussi comme un ensemble de vérités générales qui pourraient vraisemblablement s'appliquer à tous les hommes.

Ce qui n'est évidemment pas vrai, par contre, de la conception de la jalousie que Proust présente dans ces épisodes par le truchement du narrateur ; conception illustrée par un « modèle » de la jalousie tellement extrême dans toutes ses formes qu'il ne saurait en aucune façon servir de paradigme de cette passion. Autrement dit, Proust a violé ici les grands postulats fondamentaux de cette tradition essentialiste qu'il veut promouvoir. D'abord cette manière de penser tout à fait particulière qu'il attribue à son jaloux, cette mentalité soupçonneuse baptisée *doute* qui transforme tout d'un coup son personnage, peut bien servir, comme Stendhal le fait remarquer d'ailleurs, à représenter les écueils de cette passion, à nous avertir des formes particulièrement insidieuses qu'elle peut prendre, exceptionnellement, si l'on ne prend pas garde (ce qui est, au fond la « leçon » de la pièce de Shakespeare), mais elle ne saurait servir d'exemple classique, c'est-à-dire représenter l'état d'esprit typique et caractéristique de tous les jaloux en général. Il en est de même de la manière de sentir particulière dont il charge son jaloux, c'est-à-dire de cette terrible angoisse qui dépasse les dimensions usuelles des souffrances qui caractérisent cette passion et affligent d'ordinaire les jaloux pour friser le pathologique. Il en est de même enfin et surtout du comportement tout à fait particulier qu'inspirent ce doute et cette angoisse poussant notre jaloux à se livrer à une série de gestes singuliers pour ne pas dire bizarres qui le métamorphosent tout d'un coup en un espion de police doublé d'un voyeur. Après une muette surveillance des lieux, il se poste dans la rue, écoute aux fenêtres pour déterminer le signalement du suspect, puis frappe aux volets dans l'espoir de saisir les coupables en flagrant délit, se permet enfin un ensemble de démarches successives qui seraient sans doute à leur place dans une enquête criminelle mais ne sauraient en aucune façon passer pour le comportement typique et représentatif des jaloux.

Dans les épisodes supplémentaires, ce bizarre comportement policier prend des formes plus exagérées encore. Là, nous voyons notre jaloux venir espionner en plein jour, interroger son amie et recueillir sa déposition avec la virtuosité d'un juge d'instruction, et trahir enfin de réelles connaissances dans les techniques de l'espionnage en lisant, à travers l'enveloppe, la lettre qu'elle lui confie. Il est toutefois curieux de rappeler d'autre part que le narrateur s'est efforcé, dans les gros blocs de commentaires dont il a encombré le récit de ces épisodes, de «normaliser» le comportement de son jaloux en nous expliquant longuement et à grand renfort de maximes et de sentences de moraliste que ce comportement est motivé par une forme extrêmement agréable et on ne peut plus anodine de *curiosité*, que nous éprouvons tous dans l'amour et dans la jalousie pour l'inconnu de la vie de la personne que nous aimons.

Proust, semble-t-il, n'a guère tardé à en conclure, de son propre chef, qu'il avait attribué à son jaloux un comportement qui s'écartait beaucoup trop de la norme pour pouvoir représenter cette passion chez la plupart des hommes, car quelques années plus tard, aux environs de 1900, nous le verrons rédiger quelques morceaux où la jalousie prend des formes bien plus ordinaires[67]. Le sujet, sans aucun doute, l'a beaucoup intéressé car il continuera à y travailler au cours des années suivantes, et sans jamais reléguer cette passion à la place modeste que Stendhal lui avait donnée, il en viendra enfin à formuler une théorie de la jalousie plus proche de la théorie stendhalienne et formant un complément plus convenable à cette théorie de l'amour qu'il avait également puisée chez Stendhal et élaborée avec tant de maîtrise[68].

III

QUELLE que soit la raison pour laquelle le narrateur a voulu rattacher à l'amour de Jean ces singuliers épisodes sur l'indifférence et la jalousie, il est évident qu'ils ne devaient former que la crise centrale, et non pas finale de l'histoire de l'amour de Jean, car dès la fin de ces épisodes, brusquement et sans transition, le narrateur reprend le fil de son récit itératif pour nous raconter les suites de cet amour[69]. Et il est également clair, dès la première phrase de cette reprise, que nous quittons le décor intime des rendez-vous chez Mme S. pour accompagner Jean chez de tierces personnes anonymes, c'est-à-dire dans le monde (ce milieu si antagoniste à l'amour), pour y apprendre enfin que cette passion amoureuse, dont il n'a connu jusqu'ici que les plaisirs, lui réserve aussi, inévitablement, de réels déplaisirs[70]. En effet le monde (qu'il a délaissé quelque peu depuis qu'il est amoureux, lui préférant les rendez-vous chez Mme S. tous les soirs) est dominé par des maîtresses de maison, amies et connaissances de lui et de Mme S., qui ont le pouvoir insigne et souvent le caprice soit de le rapprocher de Mme S., en l'invitant en même temps qu'elle, soit, au contraire, de le priver de sa présence en invitant Mme S. avec Z., — autrement dit de lui conférer ou de lui nier ce plaisir de voir sa bien-aimée qu'il prise entre tous les autres — et, partant, de lui inspirer, selon le cas un attendrissement plein d'éloges ou bien une amertume qui le rend impitoyable de dérision[71] (voir *JS*, 757).

Mais ayant à peine entamé son récit, le narrateur abandonne l'histoire de Jean, pour émettre quelques réflexions sur la tendance qu'ont les gens passionnés, surtout dans l'amour, à trouver toutes les qualités aux personnes qui sont aimables avec eux et tous les défauts à celles qui sont désagréables. Réflexions aussitôt illustrées par un petit drame animé de dialogues où figure une maîtresse de maison qui à toute minute « *comble nos vœux les plus chers ou nous met au supplice le plus intolérable par exemple en insistant pour que Mme S. et Z. reviennent ensemble* » (*JS*, 757), et en nous obligeant de la sorte à revenir bien seul. Vient ensuite une longue phrase, détaillant les sentiments qu'un tel acte provoque chez nous : combien les mêmes sourires, les mêmes conversations faciles et invitations quotidiennes qui nous attendrissaient naguère sur la bonté, l'esprit, la gentillesse de cette maîtresse de maison, nous semblent au contraire antipathiques, et odieux, lorsque cela sert à nous enlever notre amie, pour la livrer à notre rival. En un mot, cet exemple démontre la vérité de la célèbre maxime de La Bruyère (glissée entre parenthèses et citée de mémoire, c'est-à-dire incorrectement) sur la ressemblance apparente qu'il y a entre la vraie amitié et ces liaisons que nous cultivons dans l'intérêt de notre amour. Et le narrateur de renchérir, ajoutant quelques remarques sur l'éloquence que nous adoptons pour exprimer les sentiments très vifs que nous ressentons dans de telles circonstances (non sans confusion pourtant, car il se fonde ici sur un exemple qu'il a négligé d'offrir où une maîtresse de maison fait un acte favorable à notre amour) : les grands mots de noblesse et de magnanimité qui se pressent dans notre bouche pour exprimer l'enthousiasme que nous ressentons, par exemple, lorsqu'une maîtresse de maison comble nos vœux les plus chers en nous invitant à son château en même temps que Mme S. — motivée non par cet acte, mais par la seule perspective de savoir Mme S. dans un château où nous serons (voir 758).

Une première phrase — à peine — de récit itératif, suivie d'une page entière de commentaires. Cette courte phrase narrative, où nous retrouvons enfin Jean dans son rôle d'amoureux, ne semble qu'un prétexte pour introduire ce flot de commentaires.

Et quels singuliers commentaires! Quelques lieux communs de médiocre intérêt, déguisés en vérités générales et qui cèdent aussitôt la place à des passages quasi narratifs, présentant des exemples non pas fictifs, mais hypothétiques de ce qui pourrait nous arriver à tous dans certaines circonstances tout à fait banales. Des exemples, qui ne font en fait que répéter, avec plus de détails, la même situation déjà représentée dans le récit de la phrase d'introduction — avec cette différence que tous les personnages — sauf Jean! — y reparaissent : Mme S., le rival Z. et la maîtresse de maison. Ce sont, en un mot, des commentaires qui, loin d'éclairer le récit comme dans les premières pages de cette histoire d'amour, font double emploi avec lui, usurpent même sa fonction. Il s'agit évidemment ici d'un petit exercice de style rédigé en hâte, où Proust, délaissant Stendhal et la formulation des grandes lois psychologiques gouvernant la vie intérieure de l'amoureux (représenté par Jean) s'est complu à énoncer à la manière de La Bruyère et selon la tradition des grands moralistes du siècle classique, quelques vérités générales se rapportant à la vie mondaine de l'amoureux (représenté par le *nous* universel), à son comportement non pas intime vis-à-vis de la femme aimée, mais public, extérieur, vis-à-vis de tierces personnes. Exercice qui aboutit à un pastiche assez médiocre et trivial, dont l'intérêt principal est de préfigurer quelques pages d'*Un Amour de Swann* sur les rapports de Charles Swann avec Mme Verdurin et son petit clan, des pages non sans importance, certes, mais tout à fait marginales, étant à peu près dépourvues de valeur théorique.

Puis, tout d'un coup à la suite de ces premiers commentaires le narrateur attaque brusquement ceux-ci : «*En attendant chaque fois que Mme S. ne veut pas nous voir ce jour-là, a l'air trop gaie et trop pressée nous sommes malheureux, notre tête cherche ce qu'elle peut faire. Et ce qui nous assurerait la mort de toutes les personnes qui lui plaisent ou même la sienne pour qu'elle ne puisse plus nous faire souffrir, nous ferait plaisir.* » (*JS*, 758).

Il s'agit, on le voit, d'aborder le problème des insatisfactions de l'amour d'un autre biais, de placer l'amoureux ou plus précisément nous autres amoureux dans des circonstances nouvelles et légèrement différentes, où nous nous voyons privés du plaisir de voir Mme S. non par l'intervention d'un tiers mais par Mme S., elle-même, par son refus de nous voir ce jour-là, préférant à nos rendez-vous chez elle des sorties où elle goûterait ailleurs d'autres plaisirs avec d'autres amis. Et notre première réaction serait tout simplement de souhaiter la mort de toutes ces personnes anonymes qui semblent bien nous inspirer, à la place de Z., une sorte de jalousie collective. Certes, le lecteur intrigué aimerait bien connaître nos réactions subséquentes, à savoir quelles idées, quels sentiments Mme S. nous inspire après nous avoir congédié de la sorte, si, après notre accès de jalousie l'absente vient toujours hanter et charmer notre solitude, maintenant que c'est elle qui de son propre chef, nous a si cruellement privé du plaisir de la voir. Ce serait, après tout, une merveilleuse occasion pour le narrateur, de revenir enfin à sa théorie néo-stendhalienne, pour nous dire quelque chose sur la vie intérieure des amoureux dans de telles circonstances, la souffrance, la tristesse que des «exemples» de ce genre leur inspirent. Mais le narrateur, loin de profiter de l'occasion, fait suivre brusquement ces deux phrases de commentaires, par cette phrase narrative on ne peut plus inattendue : «*Un jour, Jean rencontra une parente de Mme S. qui lui parla de la vraie et profonde affection qu'elle avait pour lui, combien elle l'aimait.*» (*JS*, 758). Et le lecteur, une fois revenu de sa surprise de voir Jean réapparaître ainsi tout à coup pour prendre la place occupée si longtemps par le *nous* pseudo-protagoniste des commentaires, finit par comprendre que le narrateur a voulu, par les deux phrases précédentes, ménager une introduction à ce curieux petit épisode décrivant la rencontre de Jean avec une parente de Mme S., située dans un temps et lieu indéterminés mais censée avoir lieu pendant une des absences dont il est question dans les susdits commentaires.

Continuant la lecture il apprend que Jean, heureux de ces bonnes nouvelles, a d'abord une première réaction immédiate et passagère : pour un instant cela calmait sa jalousie d'apprendre ainsi, qu'en son absence, Mme S. faisait tant de cas de lui, alors qu'il s'imaginait n'être rien pour elle. Vient ensuite cette deuxième réaction bien plus importante, amenée par une comparaison fort à propos :

Mais de plus, comme quand on ferme un roman et qu'on se retrouve dans la vie, son amour se trouvait changé en une sorte d'amitié émue de cette réciprocité, et ne demandant rien de plus, trouvant plaisir, au lieu de cet amour que tout le monde eût blâmé, [à] sentir cette amitié connue, approuvée, fortifiée de l'assentiment de toutes ces personnes. (*JS*, 758)

On voit que le narrateur a introduit cet épisode ici, pour illustrer — enfin — certaines conceptions fondamentales de la théorie stendhalienne de l'amour, qu'il avait élaborée dans les pages décrivant la naissance de l'amour de Jean pour Mme S. . Mais loin de ramener Jean ici pour démontrer, dans un récit itératif, ce qu'il pense et sent habituellement pendant l'absence, le narrateur ne tient, au contraire, en le privant du plaisir de voir Mme S., qu'à lui fournir, à la place, le plaisir lui faisant en quelque sorte pendant d'entendre les doux propos de la femme aimée — et cela, en plaçant Jean dans des circonstances tout à fait exceptionnelles, où il ressent ce plaisir une seule fois, par l'intermédiaire d'un tiers et de façon tout à fait aléatoire. Circonstances qui semblent bien favoriser des résultats tout à fait particuliers, car les propos rapportés par la parente, ces doux mots de tendresse, d'estime et d'affection, loin d'alimenter l'amour de Jean, ne font, au contraire, que provoquer chez lui des sentiments homologues, voire hâter la transformation de son amour en une douce et tendre amitié. Bref, le narrateur traite ici non pas du problème de l'absence, mais de celui, tout autre, des modalités de la fin de l'amour, avançant l'hypothèse d'une méta-morphose brusque et soudaine, qui, tout en terminant l'amour, le remplace par d'autres sentiments. C'est une hypothèse ingénieuse et sans doute originale, mais qui est pourtant aux antipodes du lent et graduel processus de déclin acheminant peu à peu l'amoureux vers l'indifférence, qu'il adoptera un jour comme la modalité régulière et normale de la fin de cette passion[72].

Il est au reste évident que le narrateur n'a pas introduit cet épisode ici pour mettre fin à l'amour de Jean, car aussitôt terminé son récit, il intervient de nouveau pour nous informer que ceci «*n'est qu'une interruption de l'amour*» et avancer ensuite une hypothèse alternative : «*Il cesse quelquefois par des circonstances terribles, scènes de sa* [sic] *famille, ruine, colère du père ou du mari de la femme qui lui associent des choses trop désagréables et donnent l'idée que tout cela était une rêverie sans fondement et que la réalité est absolument autre, qu'il faut y revenir* [...].» (*JS*, 759). Cette deuxième hypothèse semble bien offrir, au premier abord, une certaine ressemblance avec la première : ici encore la fin de l'amour est provoquée de façon brusque, et aléatoire par l'intervention de tierces personnes — la parente de Mme S. étant remplacée ici par le mari et le père de la femme aimée. Mais si les circonstances sont semblables, la cause profonde de la fin de l'amour est ici bien différente, car le narrateur invoque, pour l'expliquer, l'association des idées, concept psychologique qu'il a sans doute trouvé non pas chez Stendhal, mais dans des études savantes plus récentes. Par l'intermédiaire de ce phénomène, l'amour se trouverait contaminé, en quelque sorte, par «des choses trop désagréables», qui affectent non seulement la sensibilité de l'amoureux mais bien aussi son esprit, annulant les plaisirs que son amour lui inspire et faisant naître chez lui l'idée que son amour n'est qu'une rêverie n'ayant aucun rapport avec la réalité. Idée néfaste que le narrateur se hâte de démentir, en appelant à Stendhal pour nous faire remarquer que «*les livres comme* De l'Amour, *etc., nous indiquent assez la réalité de ce sentiment* ».

Cette deuxième hypothèse, présentée sous forme de commentaires, n'a évidemment aucune fonction pratique, c'est-à-dire narrative, et ne sert donc pas plus que la première à nous renseigner sur la fin de l'amour de Jean. À vrai dire, il est difficile de voir à quelle fin exactement le narrateur a introduit ici ces deux passages sur les modalités de la fin de l'amour. Et on est bien obligé de conclure que Proust adopte ici tout simplement la pratique de «l'utilisation des restes», qu'il s'agit de deux fragments épars, oubliés dans ses tiroirs, puis retrouvés un jour, et qu'il a décidé de regrouper et de présenter ici comme une petite digression gratuite pour ne pas dire oiseuse, introduite en entre-deux dans ses réflexions sur l'absence.

Conclusion d'autant plus irréfutable d'ailleurs, qu'on voit le narrateur, dès la fin de cette digression, reprendre aussitôt ses commentaires sur l'absence[73] :

La mémoire se met quelque fois tellement contre nous dans l'amour qu'alors que nous pouvons nous représenter toutes les personnes insignifiantes, nous ne pouvons nous représenter celle que nous aimons, ce qui arrive du reste aussi pour les morts que nous aimons par-dessus tout. Alors si l'absence se prolonge, l'amour semble tout à fait fini, nous regrettons de ne plus être en rapport avec cette force singulière de la nature qui pouvait nous faire souffrir, mais du moins donnait ouverture à notre vie sur un courant si réel, si curieux, si impossible à nous donner. [*sic*]   (*JS*, 759)

Aucune phrase de transition ne vient indiquer dans quelles circonstances, précisément, nous autres amoureux, nous nous trouvons séparés ici de la femme aimée. Il semble toutefois assez clair que l'absence dont il est question ici, fait suite à la précédente, à peine esquissée avant la digression où Mme S., l'air gaie, pressée, refusait de nous voir «ce jour-là» — tout en marquant pourtant une certaine progression, car il semble bien s'agir ici, non pas d'une simple sortie nous privant d'un seul rendez-vous, mais bien d'une excursion, peut-être même d'une villégiature l'absentant de Paris pendant plusieurs jours ou même davantage. Et il est également clair que, dans ces nouvelles circonstances, le narrateur est enfin prêt à aborder le thème de l'absence par le biais, négligé jusqu'ici, de la vie intérieure de l'amoureux, à traiter enfin de l'état d'âme et d'esprit que l'absente provoque en lui pendant les longues heures solitaires passées loin d'elle. Et le lecteur a la grande surprise de le voir ainsi nommer explicitement et en toute candeur la mémoire, cette faculté de l'esprit au sujet de laquelle il a été si réticent jusqu'ici, évitant à tout propos de dire ouvertement le rôle très important qu'il lui attribuait dans la naissance de l'amour. Ce qui explique sans doute cette candeur insolite, c'est que le narrateur se trouve ici tout à fait d'accord avec son maître à penser, Stendhal, sur le fonctionnement ou plutôt le mauvais fonctionnement de la mémoire dans l'amour, car ce qu'il tient à faire remarquer ici, ce sont précisément les défaillances de cette faculté, comment elle nous fait défaut quelquefois, c'est-à-dire de façon intermittente et cela justement pendant l'absence, quand nous avons besoin d'elle pour évoquer le souvenir de la femme aimée, charmer et consoler notre solitude.

Bref, le narrateur a découvert que, dans l'amour comme dans le deuil, nous sommes tous atteints de ces oublis momentanés, qu'il nommera plus tard les « intermittences du cœur » : « *Impossible de voir son image impossible de sentir la douceur de l'amour.* » (*JS*, 759). Notre vie affective, en d'autres termes, s'en trouve à tel point altérée que nous ne ressentons plus ce charme particulier qui est le propre de l'amour et partant, notre amour nous semble tout à fait disparu, n'exister plus. Nous aurions tort d'en conclure pourtant qu'il est mort, bien au contraire il n'a fait que passer en quelque sorte à l'état latent et peut se manifester à tout moment par certains actes : « *Si Mme S. était* à Paris et nous fît dire de venir la voir et que trente personnes délicieuses nous le [demandaient], nous irions voir Mme S. » (760).

Le plaisir de voir la femme aimée, plaisir fondamental de l'amour, s'avère tenace et demeure toujours au centre de la théorie, formant le critère le plus sûr pour déterminer l'existence de cette passion, voire la définir. Et il s'accompagne toujours et se manifeste également par ce plaisir corollaire non moins important, d'entendre parler la bien-aimée − remplacé pendant l'absence par le plaisir de lire ses lettres : «*Dans ses lettres les mêmes expressions qui de toute autre nous laissent froid, impliquant rapprochement entre telle figure insignifiante et la nôtre, nous ravissent en mettant un regard tendre pour nous dans ses yeux, presque un serrement sur son cœur.*» (*JS*, 760). C'est enfin la lecture très agréable de ces mots tendres de Mme S., nous assurant de loin de ses sentiments réciproques, qui sert de point de départ aux derniers commentaires sur l'absence. Des commentaires fort intéressants d'ailleurs, remplissant une seule phrase longue et tortueuse rédigée dans un style tâtonnant, où le narrateur s'efforce d'évoquer l'état d'âme amoureux, ce charme si particulier que l'amour nous inspire, en le comparant (moyennant quelques exemples d'une très belle poésie descriptive) aux sentiments qu'éveillent en nous certaines impressions profondes ressenties devant les beautés de la nature. C'est un passage qui annonce certaines pages d'*Un Amour de Swann* où Proust s'attache à faire ressortir le charme particulier exercé par Odette sur la vie affective de Swann, combien elle est pour lui une source de poésie tenant lieu de tout, suppléant en quelque sorte aux beautés de l'art et de la nature. Il s'agit, en d'autres termes de broder dans la théorie de l'amour un thème foncièrement subversif, qui finira par saboter le prestige de ce fameux état d'âme amoureux si vanté par Stendhal et les poètes romantiques, tout aussi sûrement que l'argument dénonçant l'état d'esprit amoureux, avancé par le narrateur dans le préambule.

*
* *

Cette première série de commentaires groupée autour du
thème de l'absence est suivie d'une deuxième, un peu moins longue,
composée elle aussi de fragments divers organisés vaguement et
un peu au hasard autour d'un thème général sur les insatisfactions
de l'amour[74]. Mais cette deuxième série, loin de se rattacher à
la première et de former la suite et la fin de l'amour de Jean,
traite d'un problème tout à fait nouveau, les insatisfactions de
l'amour non réciproque, qui non seulement n'a aucun rapport
avec l'amour de Jean, mais est tellement contraire à l'orthodoxie stendhalienne (car un amour privé de réciprocité ne saurait
naître chez Stendhal, languit et meurt tout simplement avant
d'accomplir les étapes de sa naissance) qu'on a du mal à comprendre pourquoi le narrateur a voulu présenter ces fragments
ici en guise de conclusion à l'amour de Jean[75]. Et conformément, aucune phrase narrative, faisant pendant à celle qui
servait à introduire la première série de commentaires, ne vient
attribuer à Jean ce singulier problème si peu stendhalien que
le narrateur aborde brusquement par les deux phrases que voici :

Nous nous rendons bien compte, quand nous ne sommes pas aimés,
que nos imaginations relativement à une personne et nos innom-
brables désirs n'ont aucun rapport avec la réalité. Mais à défaut de
pouvoir donner une sorte de réalité objective à nos espérances en
les trouvant favorisées par la personne, nous éprouvons un grand
bonheur à les trouver dans les poètes, dans les musiciens.   (*JS*, 760-1)

Ces deux platitudes déguisées en maximes servent de pilotis à une
troisième phrase d'une lecture assez difficile où le narrateur nous
explique longuement que « *comme les sentiments que nous* [...]

retrouvons exprimés avec tant de force » (*JS*, 761) chez les poètes et les musiciens :

> donnent quelque chose de plus réel à notre amour en l'affirmant comme autre chose qu'un rêve personnel, nous ne pouvons pas les séparer de celle qui les cause pour nous, nous en arrivons à considérer tous les serments d'amour, toutes les paroles passionnées qu'il y a dans la poésie et dans la musique, comme les souvenirs d'un amour réciproque qu'il y aurait réellement eu entre notre amie et nous, qu'il aurait dû y avoir, de sorte que nous rejouons ces airs et redisons ces vers en nous essuyant les yeux   (*JS*, 761)

— c'est-à-dire avec le même attendrissement que nous relisons les billets d'amour d'une femme aimée, qui depuis nous aurait trahi.

Il s'agit, on le voit, de nous attribuer à nous tous dans l'amour non réciproque, une curieuse opération de l'esprit, grâce à laquelle les sentiments amoureux que nous trouvons exprimés chez les poètes et les musiciens sont intimement associés à la femme aimée — au point de nous paraître comme l'expression d'un amour non pas imaginaire mais bien hypothétique et idéal qui aurait réellement existé ou bien aurait dû exister entre elle et nous. Ainsi le narrateur semble en effet avoir de nouveau, mais plus prudemment, recours au concept psychologique de l'association pour sortir d'un pas difficile, car c'est bien lui qui est évoqué ici allusivement pour expliquer au lecteur comment il arrive que, tout en écartant ces « *imaginations relativement à une personne* » (*JS*, 761) que nous savons, dans notre lucidité n'avoir aucun rapport avec la réalité, nous finissons pourtant par les remplacer par des hypothèses postulant, idéalement et dans le passé, cet amour impossible, qui nous échappe dans la réalité présente. Il suffit de réfléchir un peu à cette idée ingénieuse (vouée heureusement à l'oubli qu'elle mérite) pour comprendre que le narrateur s'empresse de passer outre, en nous assurant que nous avons aussi presque simultanément, d'autres réactions bien moins obscures devant ces œuvres : «*Et à ce moment-là toute la poésie amoureuse, toute la musique amoureuse nous paraît supérieure aux autres. Ou du moins nous le disons, bien que cela n'exprime peut-être pas absolument notre pensée.*» C'est que l'expression de ce jugement esthétique «*est une manière dont s'échappe le bonheur que ces paroles nous causent*». Autrement dit, nous exprimons ce jugement spontanément, voire impulsivement, et à la cantonade, «*Comme quelqu'un qui vient d'être maladroitement cogné par quelqu'un dit : «Quel imbécile! peut-on faire quelque chose de plus bête que marcher sans regarder?»*». Paroles «*où s'échappe notre nervosité*», plutôt qu'elles ne reflètent notre pensée. Et le narrateur, comme on pouvait s'y attendre, de reprendre ensuite, avec quelques variations, le thème qu'il avait développé un peu plus haut, sur l'éloquence que nous adoptons à la louange des maîtresses de maison qui favorisent notre amour, en prêtant à nos propos sur les poètes et les musiciens le même langage exalté, emphatique mais foncièrement inauthentique et inadéquat à l'expression de notre pensée :

De même, les poètes d'amour, les musiciens d'amour, qui sont encore des personnes pouvant nous parler d'elle, font que nous disons : «Voilà pour moi les plus beaux vers de la langue française»

ce qui veut dire, tout simplement

que ce sont ceux qui nous font le plus de plaisir à nous répéter parce qu'ils alimentent notre espérance et consolident notre amour par des raisons tirées non de la personne mais de l'amour et de l'espérance même, puisqu'ils ont été faits il y a deux cents ans.   (*JS*, 761)

*

Le narrateur s'interrompt ici pour insérer un petit aparté sur la «logomachie» que nous employons «*pendant que nous sommes amoureux, ayant des buts égoïstes à atteindre*» (*JS*, 761-2) dans des lettres que nous écrivons à la femme aimée, et dont il cite une phrase typique, où nous prenons un ton de prédicateur pour déclarer qu'«*Il n'y a qu'une chose vraiment infâme, qui déshonore la créature que Dieu a faite à son image, le mensonge*» (762) — phrase qui exprime bien notre volonté de la dissuader de mentir mais non pas notre pensée. Il s'agit, on le voit, de nous prêter non pas cette éloquence amoureuse (débitée spontanément, impulsivement et à la cantonade et servant plutôt à exprimer nos sentiments qu'à représenter notre pensée) qu'il s'est attaché à nous attribuer jusqu'ici, mais bien au contraire une rhétorique de duplicité visant la femme aimée et calculée en vue d'influencer son comportement. En un mot de présenter un échantillon de cette rhétorique du monsieur anonyme qu'il vient de nous attribuer, à nous tous, dans la petite phrase insérée plus haut dans les commentaires sur l'absence[76].

Et tout de suite après cet aparté le narrateur glisse une petite parenthèse tout à fait insolite, ahurissante même, où il nous informe brusquement que Jean — c'est la première et la seule référence à lui dans tous ces commentaires sur l'amour non réciproque — avait menti en effet à son amie en lui cachant la source des renseignements recueillis au cours de ses espionnages dans les épisodes supplémentaires! Et le comble, c'est que cette parenthèse invraisemblable se trouve «raccordée» aux commentaires suivants, par une dernière phrase où le narrateur rappelle ses remarques sur la rhétorique de duplicité, mais en l'attribuant non pas à *nous*, mais à un *il* — le seul *il* de tous ces commentaires — qu'il n'identifie d'ailleurs pas, et laisse tomber aussitôt en reprenant son argument sur l'éloquence amoureuse. En somme des divagations qui ne mériteraient pas notre attention si elles ne témoignaient de l'intention qu'avait Proust d'intégrer cette deuxième série de commentaires comme la première, au «développement continu».

*

Ces nouvelles observations sur notre comportement linguistique amoureux ont du moins le mérite d'amener le narrateur à émettre l'opinion, sous-entendue jusqu'ici, que cette « *exaltation qui nous fait proférer de belles paroles dans un but et pour quelque fin intéressée est le contraire de la littérature* » (*JS*, 762), qui s'efforce au contraire d'exprimer fidèlement nos idées et nos sentiments. « *D'où sans doute l'antagonisme qu'il y a entre l'art et la vie, et les gens qui écrivent trop de lettres, ont trop de buts sentimentaux dans la vie (le contraire : Flaubert), ont moins de talent, et surtout ceux qui parlent trop.* [sic] ». Phrase bâclée, rédigée à la hâte, fort intéressante pourtant, puisqu'elle nous révèle que le narrateur voit avant tout, dans ce langage amoureux qu'il nous prête, une preuve de la supériorité de l'art sur la vie, voire de la littérature sur l'amour, et qu'en exprimant ce jugement peu favorable à l'amour, il va jusqu'à adopter le ton sec et désabusé qu'il prend dans le préambule, pour dénoncer cette passion prônée par les romantiques [77].

Ayant livré ce petit avertissement aux auteurs, le narrateur clôt ses remarques sur l'éloquence amoureuse, et revient (en quelque sorte) en arrière pour nous informer que nous consultons aussi, dans l'amour malheureux, l'œuvre non seulement des poètes et des musiciens, mais d'autres écrivains, et pour des motifs fort différents d'ailleurs :

Dans cette même période de l'amour, les traités sur l'amour nous intéressent infiniment et les romans aussi, car il semble que l'auteur va nous donner le moyen de nous faire aimer, comme quand nous sommes malades nous pensons qu'un médecin va nous guérir, et les romans nous semblent un exemple de la manière de réussir en amour, comme un chapitre d'histoire nous semble une leçon de politique. (*JS*, 762)

Dans cette phrase boiteuse, rédigée elle aussi à la hâte, on reconnaît sans peine un hommage tacite et singulièrement ingrat au grand Stendhal — car qui d'autre serait l'auteur de traités et de romans sur l'amour consultés dans un tel but? —, hommage où le narrateur s'abstient non seulement de le nommer, mais insiste sur sa seule valeur de praticien en amour, passant complètement sous silence sa très grande valeur de théoricien, à laquelle il doit tant. Pourquoi cet appel équivoque à Stendhal, dans ces pages si peu stendhaliennes, consacrées à l'amour privé de réciprocité et donc, précisément de l'espérance qui motiverait cette volonté de réussir en amour? C'est que le narrateur, en revenant ainsi au problème de l'amour non réciproque, tient à reposer le problème dans des circonstances tout à fait nouvelles et différentes où nous nous trouvons, dans l'amour malheureux, complètement dépourvu de la lucidité de naguère sur l'irréalité de « *nos imaginations relativement à la personne* » (*JS*, 760) aimée, et partant, induits en erreur précisément par celle-ci :

Mais ce n'est pas seulement les poètes, les musiciens qui viennent, en nous donnant l'impression d'une vie fondue avec la nôtre [...] redoubler notre amour ; c'est souvent la personne elle-même, qui, par une action qu'elle fait, par un objet qu'elle nous donne ou qu'elle accepte, par un mot qu'elle dit, par une même aventure qui nous réunit ou le fait d'entendre ensemble un morceau de musique [...], nous ravit. (*JS*, 762-3)

Escamotant toute allusion à l'opération de l'esprit qui expliquerait notre ravissement, le narrateur se contente de nous dire, tout simplement, qu'« *en réalité notre plaisir correspond à nos illusions* » (*JS*, 763) et non pas aux intentions de la femme aimée, « *Car quand on n'est pas aimé, tous les cadeaux qu'on reçoit ou qu'on fait accepter, toutes les paroles, toutes les situations de la vie ne contiennent pas un soupçon d'amour* ». Et qui plus est, ces illusions dont nous nous enchantons « *peuvent nous être brusquement retirées* ».

Cette vérité cinglante sert à introduire un singulier épisode — le seul récit attaché à ces commentaires — où Jean et Mme S. apparaissent enfin dans un temps et un lieu indéterminés et en compagnie d'un tiers, un vieux monsieur anonyme, amoureux de Mme S.. C'est ce dernier qui est en effet, en quelque sorte, le protagoniste de cet épisode, Jean figurant plutôt comme simple observateur, qui accompagne Mme S. et son vieux soupirant dans une promenade — qu'il encourageait du reste, «*sachant qu'elle ne l'aimait point*» (*JS*, 763), écoutant en silence leur conversation à propos d'un air tzigane qu'ils avaient eu plaisir à entendre ensemble un soir et où il y avait «*justement un peu d'amour dans les paroles*». Le petit vieux «*était transporté*» par cette conversation et Jean, observant son plaisir (qu'il reconnaît sans doute grâce à sa propre expérience d'amoureux), sentait «*ce qu'il y avait de purement subjectif*» (et donc, à son avis, de hideux) dans ce plaisir, car «*ces choses*» qui enchantaient tant le vieux monsieur «*n'avaient pas l'ombre de réalité amoureuse*» (ce que Jean sait, évidemment, comme confident de Mme S.) et donc, «*simplement pour l'imagination du vieux semblaient des liens entre lui et la femme*».

Voilà que Jean prétend non seulement à l'omniscience du narrateur mais bien aussi des connaissances théoriques que celui-ci ne présume pas avoir. Ce qu'il ose faire ici, c'est ce que le narrateur s'est notamment abstenu de faire : indiquer par quelle opération de l'esprit le pauvre amoureux mal-aimé arrive à former ces agréables illusions de réciprocité dont il s'enchante. Tâche dont Jean s'acquitte, en dotant l'imagination du vieux monsieur du pouvoir de transformer métaphoriquement, pour ainsi dire, dans son esprit les actions, les paroles de la femme aimée, — autrement dit en attribuant à la faculté de l'imagination le pouvoir de métamorphoser les phénomènes perçus, pouvoir que le narrateur s'est montré en fait singulièrement hésitant à lui accorder. Car le narrateur, il faut bien le faire remarquer, a trouvé le moyen de passer la faculté de l'imagination à peu près complètement sous silence dans ces pages néo-stendhaliennes. Il ne lui accorde aucun rôle, du moins explicite dans les pages décrivant la naissance de l'amour de Jean pour Mme S., ne la nomme même pas dans le passage décrivant la *cristallisation* où elle jouerait pourtant, selon l'orthodoxie stendhalienne, son rôle le plus important, semblable d'ailleurs à celui que Jean s'est avisé de lui attribuer ici[78]. Et les rares fois où il en fait mention, c'est pour priver cette faculté de tout rôle important, en lui attribuant le seul pouvoir créateur, c'est-à-dire celui de créer, d'inventer de toutes pièces, de faire quelque chose de rien ; pouvoir non pas dérisoire, certes mais bien plus restreint que celui qu'elle avait chez Stendhal, et qui est d'ailleurs associé le plus souvent, non pas à l'amour, mais bien à la jalousie[79].

Le narrateur, en d'autres termes, commence à refuser à l'imagination la définition vague et générale qu'elle avait chez Stendhal, en la privant, non seulement du pouvoir reproducteur, celui de représenter les phénomènes perçus, mais bien aussi de celui, non moins important, de changer, de transformer les phénomènes perçus — deux pouvoirs qu'elle exerçait au plus haut degré chez Stendhal, et qui expliquent en grande partie le rôle très important joué par cette faculté dans la théorie stendhalienne de l'amour. Bref, il commence déjà à voir dans l'imagination une faculté purement créatrice, n'ayant aucun rapport avec les phénomènes perçus, aucun fondement dans la réalité et, partant, condamnée à jouer un rôle insignifiant dans les processus de l'amour. Plus important encore, il commence aussi bien timidement, bien prudemment à modifier et à rectifier les vues de Stendhal en accordant à la faculté de la mémoire, et les pouvoirs refusés à l'imagination et la place centrale occupée par celle-ci dans la théorie stendhalienne de l'amour.

Ce qui frappe d'abord et surtout dans ces dernières pages sur l'amour de Jean, c'est qu'elles ne nous disent à peu près rien de cet amour, qu'elles sont en fait singulièrement dépourvues de passages narratifs et en particulier de ce récit itératif qui formait le fond des premières pages, placées avant les épisodes et consacrées à la naissance de cet amour. À vrai dire il n'y a qu'une seule phrase narrative, la toute première, celle qui se place à la suite des épisodes et sert à introduire cette dernière partie, qui soit racontée sur un mode itératif — cette dernière partie ne contenant du reste que deux autres passages narratifs, tous les deux brefs, épisodiques et sans conséquence, le premier servant à illustrer une digression sans importance pour l'amour de Jean, le deuxième, des réflexions qui ne concernent même pas son amour. Tout compte fait, ces dernières pages se composent à peu près exclusivement de commentaires — de commentaires certes fort singuliers, qui ne découlent point d'une démonstration narrative, c'est-à-dire d'un récit, et qui même usurpent parfois la fonction du récit. En effet on y retrouve à côté du *nous* universel représentant toute l'humanité (qui avec le présent de l'indicatif convient à l'expression des vérités universelles) un autre *nous* fort curieux, quasi protagoniste, qui semble remplacer Jean en quelque sorte, et qui avec Mme S. et Z. et quelques figurants anonymes, figure dans les divers « exemples » avancés hypothétiquement aux divers temps du passé pour illustrer les vérités avancées par le narrateur. Ou du moins dans la première série de commentaires, car dans la deuxième, le narrateur abandonne ce curieux procédé, et ce *nous* qui semblait vaguement représenter Jean, ce *nous* quasi protagoniste, fait place à un *nous* vague, équivoque et indéterminé, d'une universalité fort douteuse.

Certes, malgré la disette d'éléments narratifs de ces pages, il est clair que le narrateur les a placées ici, pour continuer et compléter, en quelque sorte, le récit de l'amour de Jean pour Mme S. . La seule phrase d'introduction de la première série de commentaires, où il examine le problème de la séparation et de l'absence, suffit à nous faire voir qu'il avait l'intention de raconter ici, sur le mode itératif, une nouvelle série de rendez-vous (annoncée d'ailleurs par le petit discours de Mme S.), où Jean allait retrouver sa dame de temps en temps, non plus dans le décor intime de chez elle, mais dans le monde, ce milieu si hostile à l'amour, pour y connaître enfin, après les biens de l'amour, le chagrin d'être privé du plaisir de la présence de la femme aimée, de la voir et de l'entendre, qui est le fondement de tout amour. Il suffirait d'ailleurs de développer tant soit peu les divers « exemples » et autres éléments prénarratifs de ces commentaires, pour voir dans ces pages la préfiguration de celles où le pauvre Charles Swann, s'étant aventuré chez les Verdurin, en vient à connaître aussi, dans des circonstances analogues, les chagrins de l'absence [80].

En revanche la deuxième série de commentaires se trouve singulièrement dépourvue de ces éléments narratifs et prénarratifs, ce qui est d'autant plus surprenant qu'on s'attendrait à ce que ces pages, étant les dernières, servent en quelque sorte à fermer le cycle en démontrant comment l'amour de Jean touche enfin à sa fin. C'est un développement, certes, qui découlerait tout naturellement des pages précédentes, le thème de la séparation et de l'absence pouvant très bien servir à annoncer et à préparer les conditions nécessaires au progrès de l'indifférence et de l'oubli. Il jetterait ainsi les bases d'un petit récit itératif, démontrant le lent et graduel déclin de l'amour de Jean, faisant pendant à celles qui décrivaient la naissance de cet amour et préfigurant, comme celles-ci, certaines pages homologues d'*Un Amour de Swann*. Il s'agit d'ailleurs d'un thème dont le très grand intérêt n'a point échappé au narrateur, puisqu'il a déjà rédigé deux fragments sur les modalités de la fin de l'amour, rejetés théoriquement, mais gardés néanmoins pour étoffer les commentaires sur l'absence. Mais comme nous l'avons bien vu, ces deux fragments, loin d'avoir cédé la place à un récit illustrant une meilleure théorie des modalités de la fin de l'amour, l'ont cédée au contraire aux commentaires groupés autour du thème de l'amour non réciproque, qui non seulement n'a aucun rapport avec l'amour de Jean mais est en effet si contraire à la conception stendhalienne de l'amour, qu'on a du mal à voir comment le narrateur pourrait s'y prendre pour le rattacher, narrativement à cet amour[81]. À vrai dire, sans le petit épisode final sur le vieux monsieur soupirant de Mme S., on serait tenté de conclure qu'il n'avait aucunement l'intention de l'y rattacher[82].

En somme, ce qui est intéressant, dans le sous-développement narratif de ces pages, c'est précisément le sous-développement théorique qui l'accompagne et l'explique, car il suffit de lire ces pages attentivement pour comprendre qu'elles se trouvent singulièrement dépourvues d'une démonstration narrative comme celles qui formaient les premières pages de cette histoire d'amour, pour la simple raison que leur fait également défaut la richesse théorique de ces pages, un ensemble d'idées cohérentes et claires pareil à celui qu'illustrait cette démonstration et qui faisait de ces pages en effet, comme une première version du Prologue d'*Un Amour de Swann*. Carence qui se fait d'ailleurs de plus en plus sentir à mesure qu'on avance dans la lecture de ces pages. On peut bien entrevoir, au début, dans les tout premiers éléments narratifs mondains, comme une vague annonce de l'exclusion de Charles Swann des soirées Verdurin et le « charme » et le « dégoût » qu'il en ressentira à l'égard du petit clan. Mais lorsqu'on arrive aux absences prolongées qui laissent vaguement entrevoir les sorties et les excursions d'Odette avec ses amis du petit clan, rien de ce qui se passe chez Jean, ni ces remarquables intermittences d'oubli, ni le charme ineffable provoqué par les lettres rassurantes de Mme S., n'annonce la richesse et la variété de la vie intérieure du pauvre Charles Swann délaissé et malheureux, hanté, entre autres choses par la tristesse, le regret et la pensée constante de l'absente.

Et lorsqu'on entame enfin les toutes dernières pages de cette histoire d'amour, on ne trouve rien, absolument rien, qui annonce ni narrativement ni théoriquement les dernières pages d'*Un Amour de Swann*. On s'y heurte au contraire à un pêle-mêle de redites et de platitudes d'idées à la fois obscures, outrées et ridicules, groupées autour du thème ingrat de l'amour non réciproque et vouées comme lui à un oubli mérité. On se heurte enfin à une nullité théorique complète, qui n'annonce ni vaguement ni de loin les admirables pages de la conclusion d'*Un Amour de Swann* où Charles Swann s'avère enfin prêt à subir les lents et graduels progrès de l'indifférence et de l'oubli qui l'acheminent à la fin de son amour. Nullité théorique d'autant plus remarquable que tous les éléments de cette fin d'amour se trouvent ici, comme dans *Un Amour de Swann*, déjà en place et en germe dans les pages précédentes consacrées au thème de l'absence. On est bien tenté de conclure que notre jeune narrateur, à court d'idées, n'avait pas encore eu le temps de mûrir sa pensée au point d'amener ces dernières pages au même stade de développement que les premières. Ce qui pourrait facilement se comprendre, certes, puisque ces pages, n'étant guère fondées sur Stendhal, exigeaient plus d'effort et d'originalité de sa part. Ou peut-être les a-t-il bien trouvées, ces idées dont il avait besoin, mais rebuté par le caractère pénible du sujet, a-t-il manqué tout simplement du courage nécessaire pour les mettre en œuvre. Ou peut-être qu'il a fini par s'ennuyer de cette fade histoire d'amour platonique, tenté, détourné par d'autres amours, plus passionnées, comme celles de Jean pour Françoise décrites dans les pages suivantes. Quelle que soit la raison, ces dernières pages témoignent d'un essoufflement dont notre jeune narrateur ne s'est jamais remis, car même plus tard, après avoir abandonné puis repris cette histoire d'amour platonique et essayé de lui infuser une vie nouvelle, en y introduisant dans l'entre-deux un drame de la jalousie, il se contente de retoucher seulement çà et là ces dernières pages sans jamais les élaborer, les travailler sérieusement[83], de sorte que ce petit essai néostendhalien se présente comme un curieux échantillon, un microcosme de la grande œuvre inachevée, qui allait un jour faire la gloire de son auteur.

NOTES

1. Voir la préface d'Anatole France, *Les Plaisirs et les jours*, p. 4.

2. Il s'agit du texte qui se trouve aux ff. 528–46 du manuscrit de *Jean Santeuil* à la Bibliothèque Nationale (t. II, n. a. fr. 16616) et que Pierre Clarac présente aux pp. 745–63 de l'édition de la Bibliothèque de la Pléiade. Ce texte, que Bernard de Fallois avait groupé en un seul chapitre et intitulé « De l'Amour » (*Jean Santeuil* [1952], III, pp. 121–45), Pierre Clarac le divise en deux chapitres auxquels il donne des titres différents, utilisant la rubrique « De l'Amour » comme titre général pour désigner non seulement ce premier développement stendhalien, mais toutes les pages suivantes sur l'amour (amours de Jean pour Françoise, pour Charlotte, etc.).

3. Voir notamment Antoine Adam (« Note sur les deux livres récents », *Revue des sciences humaines*, oct.–déc. 1952, pp. 359–65) qui a été le premier à relever l'à-propos du titre que Bernard de Fallois avait donné à ces pages et à signaler leur caractère profondément stendhalien. Voir aussi, plus récemment, René de Chantal, *Marcel Proust critique littéraire* (Montréal, Presses de l'Université de Montréal, 1967), pp. 470–8.

Ajoutons d'ailleurs que l'intérêt dont Proust témoigne ici pour l'œuvre de Stendhal n'est guère nouveau, bien au contraire, et qu'il remonte au moins à l'époque où il rédigeait pour les petites revues littéraires, *Le Banquet*, *La Revue blanche*, etc., les divers morceaux recueillis par la suite dans *Les Plaisirs et les jours*. Comme nous nous proposons de le démontrer dans un article en cours, Stendhal exerçait déjà sur lui à cette époque une influence marquée.

4. Bien que le narrateur ne la nomme pas explicitement ici, seule la mémoire saurait être responsable de la simple reproduction pour ainsi dire « photographique » du profil admiré dont il est question ici. Ce qui revient à dire que Proust se permet ici une certaine élaboration des vues de Stendhal pour qui l'admiration est avant tout, sinon exclusivement, l'acte de *contempler* les perfections de la bien-aimée, non pas de se les rappeler — et qui n'accorde d'ailleurs au souvenir qu'un bien piètre rôle dans la naissance de l'amour.

Voir notamment à ce propos *De l'Amour* (texte établi et annoté par Henri Martineau, Paris, Éditions de Cluny, 1938), chap. XIV, pp. 66–8 où Stendhal explique que nos perceptions de la bien-aimée ne laissent jamais de souvenirs bien distincts, parce que l'âme est trop troublée par les émotions qu'elle éprouve en la présence de celle-ci.

Voir également ci-dessous la note 7.

5. On ne saurait trop insister sur l'importance de ce *nous* du narrateur (où il faut distinguer d'ailleurs le *nous* « universel », désignant toute l'humanité, du *nous* « éditorial », désignant la propre personne de celui qui parle, ces deux *nous* étant employés ici d'une phrase à l'autre), car ce pronom forme en quelque

sorte sa signature, et permettra donc par la suite d'identifier ses interventions dans le corps du récit.

6. Notons du reste que le narrateur s'avère ainsi posséder une conscience si intime de la vie intérieure de Jean qu'elle présuppose en fait que lui et Jean sont identiques, c'est-à-dire que Jean est simplement lui-même à une époque antérieure, et qu'en racontant l'amour de Jean, il raconte ses propres amours – ce qui préfigure le rapport narrateur/protagoniste qui réapparaîtra dans *À la recherche du temps perdu.*

7. À notre avis cette évocation ne saurait être qu'un souvenir, c'est-à-dire une allusion au rôle joué par la mémoire dans la reproduction du profil charmant de la bien-aimée déjà exprimé implicitement dans le préambule (voir ci-dessus la note 4). Il est toutefois intéressant de remarquer qu'ici encore, Proust évite toute référence à la mémoire, employant à la place d'un verbe tel que *se rappeler* ou *se souvenir*, l'expression « *avait devant les yeux* » (*JS*, 746), qu'il faut prendre évidemment comme un synonyme du verbe *voir* (de même qu'il « voyait » la face pure de la lune qui était devant lui, Jean « voyait » le profil pur de Mme S., qui n'était plus devant lui).

Synonyme d'autant plus curieux d'ailleurs qu'il nous renvoie à un passage analogue décrivant l'effet que produisaient sur le petit Jean, amoureux de Marie Kossichef, ses rencontres avec elle aux Champs-Élysées : « [...] *trop troublé de la voir, il ne la voyait pas si bien que le matin et le soir avant de s'endormir.* » (*JS*, 216). Si, comme nous le croyons, le deuxième *voir* est ici synonyme de « se rappeler », il est évident que le trouble qu'éprouve le petit Jean devant Marie n'arrive qu'à retarder, et non pas à empêcher l'évocation de sa physionomie. Donc ici encore, le narrateur se serait permis de rectifier les vues de Stendhal sur le fonctionnement du souvenir dans l'amour.

Notons d'ailleurs que Jean a marqué de réels progrès depuis l'enfance, qu'il n'éprouve aucun trouble à voir Mme S., évoque sa physionomie immédiatement après l'avoir quittée. Le trouble qu'il ressentait naguère devant la petite Marie ne serait-il donc qu'un symptôme de l'amour enfantin ?

8. Cf. *De l'Amour, op. cit.*, chap. II, pp. 42–6, où Stendhal énumère les sept époques de la naissance de l'amour et montre comment, une fois atteinte *l'admiration simple* (première époque) et *l'admiration tendre* (deuxième époque), on arrive à *l'espérance* (troisième époque), véritable catalyseur qui provoque, par sa seule présence *la naissance de l'amour* (quatrième époque).

Voir aussi, *passim*, ce chapitre II et les suivants (jusqu'au chapitre XXXIX surtout), où il est souvent question du rôle très important joué ensuite par l'espérance dans l'entretien de l'amour – surtout à partir de la sixième époque où elle alterne avec le doute pour fixer l'attention de l'amoureux sur son « bonheur », c'est-à-dire, ses chances de réussite.

Jean aurait donc eu suffisamment d'espérance pour faire naître son amour selon les normes de l'orthodoxie stendhalienne : ce n'est que par la suite que les propos de Mme S. seraient venus l'en priver définitivement. Il s'agit donc, comme nous le verrons, de soustraire à l'espérance son second rôle, celui d'entretenir et de nourrir l'amour.

9. Il faut tenir compte du caractère catégorique de cette défense de toucher et comprendre que le narrateur entend par là priver Jean absolument et définitivement de toute espérance. En d'autres termes, il ne faut pas confondre cette absence complète de l'espérance avec le simple défaut d'espérance si fréquent dans l'amour stendhalien, et qui n'est autre que le fameux *doute* (sixième époque) qui alterne avec l'espérance pour fixer l'attention de l'amoureux sur son « bonheur », et qui, loin de « tuer l'amour », ne sert, lui aussi, qu'à le nourrir, à l'entretenir.

10. Certes l'amour de Jean s'écarte sensiblement du modèle présenté dans la partie théorique de l'essai de Stendhal, c'est-à-dire dans les pages consacrées à ces « vérités sèches » où Stendhal se flattait de formuler scientifiquement les lois générales de la psychologie de l'amour. Par contre ce modèle réduit de l'amour-passion stendhalien où l'assurance de réciprocité supplée à l'espérance, ressemble en effet à l'amour que Stendhal a décrit dans la partie « soupirs » de *De l'Amour*, c'est-à-dire dans les nombreux souvenirs et anecdotes où il évoque cet amour célèbre pour Métilde/Léonore qui inspira le volume et transparaît à presque chaque page.

Il va sans dire que la critique stendhalienne n'avait encore dévoilé ni l'importance ni le caractère de cette célèbre liaison. Le jeune Proust aurait-il été assez perspicace pour le deviner ? Et assez malicieux pour glisser ici une petite ironie aux dépens de Stendhal ?

11. Notons que par cette politesse Jean (à la différence du monsieur de la digression secondaire) n'entend point feindre de l'indifférence ; bien au contraire, comme le montre le prétexte qu'il avance ici, il n'hésite pas à faire l'aveu de son amour.

12. Remarquons au reste que Jean va léguer à Charles Swann cette manie des visites régulières chez sa bien-aimée ; ce train-train de rendez-vous invariables et quotidiens qui informe l'amour de Jean pour Mme S. informera aussi celui de Charles Swann pour Odette – un indice entre autres que ce récit n'est qu'une forme embryonnaire d'*Un Amour de Swann*.

13. *De l'Amour, op. cit.*, chap. II, p. 42.

14. Voir ci-dessus les notes 4 et 7.

15. Voir ma thèse sur la *Théorie proustienne de l'amour d'après « Un Amour de Swann »* (Berkeley, University of California, 1965), pp. 228–34.

16. Et à celles où il décrivait l'amour de Jean pour la petite Marie Kossichef. Voir ci-dessus, la note 7.

17. Remarquons au reste qu'en remplaçant le profil pur de Mme S. par cette tête mystérieuse censée non pas représenter la dame, mais la poétiser, le narrateur semble enfin rejoindre l'orthodoxie stendhalienne et attribuer à l'imagination la création de cette image intériorisée de la bien-aimée. Si la mémoire en était responsable, le souvenir du profil muet aurait été remplacé tout simplement par celui d'un profil parlant, c'est-à-dire par une image composite reproduisant les phénomènes perçus ensemble.

La mémoire qui semble bien avoir été responsable jusqu'ici de la formation de l'image intériorisée de Mme S. serait donc relayée à partir de la *cristallisation* par l'imagination qui gouvernerait seule, comme chez Stendhal, cette phase capitale de la naissance de l'amour. Et Proust témoignerait d'une timidité théorique qu'il n'aura plus par la suite dans *Un Amour de Swann* où il attribuera à la seule mémoire volontaire le rôle de gouverner, depuis la naissance jusqu'au déclin, toutes les phases de l'évolution de cette passion. (Voir notre thèse, *op. cit.*, pp. 228–95.)

18. C'est dire que l'amant platonique, sans prétendre « posséder » sa bien-aimée, au sens courant du terme, a quand même ces prétentions de propriétaire, ce sentiment qu'elle est à lui, qu'elle lui appartient, que Stendhal présuppose toujours dans l'amour.

19. Le manuscrit donne « *Mme S.* », que les éditeurs ont remplacé par « *Mme Z.* », pour éviter la confusion.

20. Voir les lettres 39, 40, 41, 42, 43, 46, 48, 67 (*Corr.*, I [1880–1895]). Voir aussi la note attachée à cette dernière lettre où Philippe Kolb relève la façon dont Mme Straus est évoquée dans certaines études publiées dans *Le Banquet* en 1892 et 1893, et où le jeune Proust rend un hommage discret à son charme et à son mystère. En somme, Mme Geneviève Straus, qu'on a identifié sous les aimables traits de la tante Desroches et dans le cruel portrait de Mme Marmet, figurerait donc, elle aussi, à l'égal de Reynaldo Hahn, comme un « dieu déguisé » sous divers masques dans les pages de *Jean Santeuil*.

21. Rappelons que la *cristallisation* chez Stendhal constitue la cinquième époque de la naissance de l'amour où les perfections perçues jusque-là chez la bien-aimée se trouvent tout d'un coup exagérées, multipliées par l'intervention de l'imagination. Pour notre narrateur, en revanche, la cristallisation semble constituer une troisième époque de l'amour, formée en quelque sorte par la conjonction des deux premières, et résultant de la perception simultanée des phénomènes qui ont déterminé les deux premières époques. Ici encore, nous le voyons apporter des modifications importantes aux idées qu'il emprunte à Stendhal.

22. Dans cette deuxième partie de notre étude nous examinons les quatre épisodes – ou plus précisément les deux premiers de la série – qui se trouvent au centre des pages décrivant l'amour de Jean pour Mme S. (ff. 532vo à 538vo du

manuscrit de *Jean Santeuil*, t. II, à la Bibliothèque Nationale ; pp. 750–7 de l'édition de la Bibliothèque de la Pléiade ; pp. 127–37 de l'édition de Fallois). Le texte commence par : « *Un soir, en quittant une soirée où ils étaient* », et se termine par « *diminuait sa colère* ». Il va sans dire que ce qui distingue d'abord et surtout ces pages des pages précédentes, c'est que Proust y change complètement et brusquement le mode du discours – abandonnant le récit *itératif* employé dans la narration de l'amour de Jean pour Mme S. pour le récit *singulatif* de ces épisodes. Nous adopterons et utiliserons désormais ces deux termes très commodes créés et définis par Gérard Genette dans *Figures III* (Paris, Éditions du Seuil, 1972), pp. 145–9.

23. Alors que dans le récit itératif de l'amour de Jean pour Mme S. le narrateur a nommé Jean dès la première phrase et Mme S. dès la deuxième, et les a nommés chacun plusieurs fois par la suite (pratique à laquelle il reviendra aussitôt dans le récit itératif qui se place à la suite de ces épisodes : pp. 757–63 [éd. Fallois : 137–45], les deux personnages figurant dans ces épisodes demeurent anonymes : *il* se nomme enfin *Jean* dans les deux derniers épisodes, mais *elle*, appelée parfois *son amie* garde l'anonymat jusqu'à la fin de la série.

24. Rappelons que Proust avait déjà introduit dans le récit de l'amour de Jean pour Mme S. cette opposition entre le monde et l'amour qui demeurera une constante chez lui – que Jean « affranchi des autres » et tout à fait sous le charme de Mme S. préférait les plaisirs de l'amour aux plaisirs mondains, et, partant, allait la voir tous les soirs *au lieu* d'aller dans le monde.

25. Du reste, comme nous le verrons par la suite, il s'agit d'un simple rappel, car ce couple anonyme a lui aussi la routine des rendez-vous habituels, mais fixés à la suite des soirées passées dans le monde.

26. Ces deux premières phrases suffisent donc à nous révéler que la situation de cet homme vis-à-vis de son amie est exactement l'inverse de celle de Jean vis-à-vis de Mme S. c'est-à-dire que cette invitation s'adresse à un amant attitré, à un homme qui a dépassé cette attente de la prise de possession de la personne aimée à laquelle Jean avait dû renoncer, à un amant à qui pourtant manque précisément ces deux propos lui assurant d'être pour elle ce qu'elle était pour lui, et qui entretenait l'amour de Jean.

27. À ce propos on relève dans ce récit intérieur, parmi tout ce que pensait et sentait cet homme, deux choses qu'il *savait* : l'indifférence de son amie et ses propres possibilités d'atteindre lui aussi un pareil état.

28. Pourtant cette volonté peu stendhalienne d'en finir avec l'amour, cet homme désabusé la partage avec le monsieur « *intelligent, jaloux et craignant de souffrir* » (*JS*, 747) de la digression secondaire.

29. Ce qui revient à dire, en d'autres termes, qu'il lui faut aussi cette assurance de réciprocité affective qui entretenait l'amour de Jean – à défaut de quoi

78

son amour languit et meurt tout simplement (donc que l'amour de cet homme, pas plus que celui de Jean, ne vit d'espérance ; que ni l'attente ni l'accomplissement de la prise de possession de la personne aimée ne suffisent à entretenir l'amour).

30. Rappelons les tout derniers mots du préambule où il note avec amertume que cette bizarre manière d'être, si néfaste pour les hommes de talent, peut durer « *pendant des mois quelques fois* » (*JS*, 746) − durée qui évidemment lui semble fort longue et révèle ainsi une importante distinction entre lui et Stendhal, qui trouvait normal et désirable que l'amour dure partout comme en Italie, plusieurs années ou même toute la vie (voir *De l'Amour*, pp. 194-5, 196).

31. Nous faisons naturellement abstraction ici des quelques remarques faites sur la mort prématurée de l'amour à la suite d'un accident dans le processus de la naissance de cette passion, ainsi que des deux chapitres sur les « Remèdes à l'amour » signalant l'inutilité des cures généralement proposées par les amis guérisseurs (voir *De l'Amour*, pp. 154−8).

32. Cet épisode nous présente en fait une toute première version du processus qui déterminera graduellement le déclin et la mort de l'amour de Charles Swann dans les dernières pages d'*Un Amour de Swann* − le progrès de l'indifférence, ce progressif refroidissement de l'état d'âme amoureux par l'érosion du plaisir de voir et d'entendre la bien-aimée. Indifférence qui a ses origines, comme celle-ci, dans l'indifférence de la bien-aimée (Swann se trouvant, par les nouvelles manières irritables d'Odette, privé des doux propos qui l'avaient toujours assuré de ses sentiments pour lui), et qui, partant, le fait beaucoup souffrir, lui inspire et la tristesse et le regret de son bonheur perdu (sentiments dont cet homme anonyme se montre singulièrement dépourvu).

Signalons d'autre part que ce processus s'accompagne d'un développement parallèle, le progrès de l'oubli, montrant le lent dépérissement de l'état d'esprit amoureux par l'effacement de l'image de la bien-aimée. Développement singulièrement absent de cette petite scène, amputée précisément du trajet de retour qui aurait pu nous renseigner sur le plaisir − ou plutôt le peu de plaisir − qu'il éprouve à évoquer l'image intériorisée de son amie dans ses rêveries solitaires.
Voir notre thèse, *op. cit.*, pp. 252−95.

33. Par l'emploi du mot *autre* le narrateur nous apprend que cette scène se déroule dans la chambre même de l'amie de cet homme, endroit qui demeurera en fait le point central de tout le reste de cet épisode. Ce détail sur le décor, joint à ceux qui précisent l'heure de ces rendez-vous (l'invitation à venir à minuit et demi, prière de partir à minuit) suffisent à nous faire voir qu'il s'agit bien de rendez-vous d'amants et non d'amoureux. Voir plus loin à ce propos la note 65 sur l'heure des rendez-vous de Jean chez Mme S. .

34. Par cette explication le narrateur dépasse le cadre de cet épisode pour nous renseigner sur les mœurs habituelles de ce couple anonyme, et ce faisant,

il atteste que leurs rendez-vous habituels ont bien lieu, comme celui de la scène précédente, après les soirées mondaines.

35. Voir *De l'Amour*, chap. XXXV, p. 135, où Stendhal conseille aux jaloux de se distraire de leur passion et en même temps de se mettre en garde contre ce genre de faux raisonnements en lisant la célèbre tragédie de Shakespeare, dont il relève ce passage qui lui semble particulièrement délicieux :

> *Trifles light as air*
> *Seem to the jealous, confirmations strong*
> *As proof from holy writ*
> *Othello*, III, 3.

36. Cette dernière réflexion – qui commence, comme la première par la curieuse formule *Et puis* – fait de nouveau allusion à l'état d'âme et à l'état d'esprit habituels du jaloux.

37. Ce qui revient à dire que ce monsieur entrevoit qu'il emportera avec lui *le souvenir* de ce spectacle démystifiant, souvenir pénible, mais de ce fait même guérisseur. Ici encore la faculté de la mémoire interviendrait donc pour transformer le phénomène perçu en une image intériorisée. Voir plus haut les notes 4, 7.

38. La phrase que nous venons de citer est incohérente mais il est clair que l'antécédent, non exprimé, de « *sa vue* » ne saurait être que l'amie elle-même et non pas « *ces choses* » qu'elle fait avec un autre.

39. Le terme *angoisse*, employé ici pour la première fois, semble enfin désigner la forme tout à fait particulière des souffrances ressenties par l'homme pendant cette crise de jalousie ; ce terme extrêmement important, ferait enfin explicitement référence à la « sensation douloureuse » qui serait le propre de la jalousie (comme le plaisir est le propre de l'amour), et donc une forme très aiguë des troubles douloureux qu'il ressent habituellement. Voir aussi plus bas, note 41.

40. Nous présumons, naturellement, que son amour pour son amie est gouverné par les mêmes lois néo-stendhaliennes que l'amour de Jean pour Mme S. — et partant que le charme dont il est question ici est cette forme tout à fait particulière du plaisir que l'amour inspire dès *l'admiration*, première époque de la naissance de cette passion. Il s'agirait pourtant ici, cela va sans dire, des restes d'un charme sérieusement entamé par les progrès de l'indifférence, et les troubles douloureux de la jalousie.

41. Par ces deux termes, le *doute* et l'*angoisse*, le narrateur tient non seulement à désigner les états d'âme et d'esprit qui forment le point de départ et le point d'aboutissement de la crise, mais qui le résument en quelque sorte et constituent le propre de la jalousie – états qui ne sont au fond que des formes particulièrement aiguës de cette hantise du mystère et de ce trouble douloureux qui demeurent en lui habituellement.

42. Il est curieux de remarquer que le narrateur – qui dans la phrase précédente emploie enfin et pour la première fois le mot *souvenir* qu'il s'est singulièrement abstenu d'employer jusqu'ici – retrouve tout d'un coup sa curieuse réticence à l'égard de ce mot, qu'il remplace ici par *impression* ; réticence d'autant plus remarquable que cette impression noyée sous d'autres impressions subséquentes n'est autre qu'une allusion à l'oubli.

43. Cette hantise qui, comme nous l'avons vu, fait partie d'une hantise plus générale : le mystère de l'inconnu dans la vie de son amie.

44. À vrai dire, la jalousie a si complètement transformé ce monsieur, sa vie intérieure et le comportement qui l'exprime sont si différents de ceux de l'amant blasé de l'épisode précédent, qu'il semble bien qu'un moi nouveau et différent soit apparu chez lui, selon le temps, le lieu, les circonstances. C'est-à-dire que le narrateur est en train de formuler cette théorie de la personnalité multiple qui formera plus tard les assises de la conception proustienne du caractère.

45. L'absence de commentaires explicites sur l'attitude du narrateur à l'égard de cette passion est d'autant plus remarquable que les deux épisodes supplémentaires insérés après ce petit drame de la jalousie, et où les soupçons du jaloux, baptisés *curiosité*, se trouvent non seulement justifiés mais bien fondés, sont par contre couronnés d'assez longs commentaires plutôt indulgents, sinon favorables, à cette passion.

46. Voir notamment les pages consacrées à l'amour de Jean pour Françoise, où il est souvent question des souffrances intolérables que la jalousie lui inflige et voir *JS*, 810–22. Voir aussi, dans l'Introduction, les pages où l'écrivain C parle, sur son lit de mort, des tourments que la jalousie lui avait infligés pendant des années et dont il s'est lentement guéri grâce au progrès de l'oubli (*JS*, 200-1). Évidemment, le narrateur, ayant donné à la mémoire un rôle important dans la naissance de l'amour, tient à lui donner aussi un rôle analogue mais inverse dans la fin de la jalousie.

47. Voir *De l'Amour*, chap. XXXV et XXXVI, pp. 132–40. Pour souligner le peu d'importance que Stendhal attachait à cette passion, rappelons qu'il s'agit de deux chapitres sur soixante (sans compter les Fragments divers et l'Appendix), soit environ 10 pages sur 400. Chiffres d'autant plus intéressants, que l'on ne trouve, en dehors de ces chapitres, que quelques références fort éparses à cette passion ; enfin la jalousie ne représente au fond dans cet ouvrage qu'un des maints sujets se rattachant de façon incidente au grand thème central de l'amour.

48. Voir les sept premiers paragraphes du chapitre XXXV, *De l'Amour*, pp. 132-3.

49. À vrai dire on se demande pourquoi le narrateur a choisi d'employer, au lieu de *soupçon*, qui est le mot juste ici, ce mot *doute* qui est non seulement un

euphémisme mais pourrait prêter à confusion – étant, comme on le sait, le terme précis employé par Stendhal dans son analyse de l'amour pour désigner ce sentiment contraire à l'espérance et alternant avec elle, que ressent l'amoureux dans les dernières phases de l'amour naissant (entre la première et la deuxième *cristallisations*) où il se balance délicieusement au bord du précipice entre le bonheur et le malheur extrêmes («elle m'aime / elle ne m'aime pas») en attendant l'heure de la conquête.

50. Voir *De l'Amour*, p. 135.

51. Il est curieux de remarquer l'importance que prend chez Proust cette question de la *visibilité* de la femme aimée – et, bien entendu, de son corollaire, l'*invisibilité* de celle-ci, surtout lorsqu'elle se produit, comme ici, de façon brusque et inattendue. Il s'agit d'une constante chez Proust, dont on ne trouvera pas l'équivalent chez Stendhal (pour qui l'amour n'est, au fond, qu'une façon particulièrement agréable de goûter les plaisirs de la solitude) et qui se manifeste surtout ici dans la routine et la régularité (on dirait presque la rigidité) des rendez-vous quotidiens chez la femme aimée, et dans l'importance attachée à tout propos tendant à les décommander.

Voir notamment les commentaires sur l'amour de Jean pour Mme S. où de tels propos révéleraient l'intensité de son amour ; et l'épilogue de cette crise de jalousie où de tels propos prononcés par l'amie de cet homme anonyme révèlent le déclin de sa jalousie.

52. Voir ci-dessus, note 32.

53. À vrai dire on pourrait, à la rigueur, dégager aussi de ces pages de Stendhal un certain état d'âme et un certain comportement de jaloux, car il reconnaît certes le caractère douloureux de cette idée du rival qui hante le jaloux (et qu'il qualifie de *coup de poignard*, de *poison*, de *tourment*, etc.) et prescrit des remèdes qui présupposent, chez le jaloux, un comportement de tacticien rusé et cauteleux – mais il va sans dire que le jaloux qui se dégagerait ainsi de ces pages de Stendhal n'aurait rien en commun avec l'enquêteur soupçonneux et angoissé qu'évoque ici le narrateur.

54. Il suffit de bien lire ces deux chapitres de Stendhal pour comprendre que la jalousie décrite dans ces pages est celle d'un amoureux en voie de *cristallisation* qui, en attendant l'heure de la conquête, est assailli, non par les petits doutes' sur ses chances de succès, qui alternent avec l'espérance et font normalement le délice des amoureux, mais qui est importuné, au contraire, par cette pénible idée de l'autre qui pourrait aspirer aussi aux faveurs de la dame et avoir des chances de succès. De la jalousie de l'amant, il est à peine question et cela seulement en passant (voir pp. 135, 139, 140).

55. Par exemple, le petit drame de la jalousie, que nous avons analysé, c'est-à-dire les deux premiers épisodes et l'épilogue leur faisant suite, remplit

au moins les trois quarts des pages consacrées au récit de l'amour de Jean pour Mme S.. Et si l'on y ajoute les deux épisodes supplémentaires, le nombre de pages consacrées à la jalousie serait plus du double de celles consacrées au récit de l'amour de Jean pour Mme S.. Notons d'ailleurs qu'il est également possible de voir un indice de l'importance que le narrateur attache à la jalousie dans la place centrale qu'occupent ces épisodes, qui se trouvent pour ainsi dire enchâssés entre les deux récits itératifs de l'amour de Jean pour Mme S. et Mme X..

56. Rappelons que le narrateur, malgré son désaccord avec Stendhal à propos de la valeur de l'amour, s'est toujours montré fidèle à la théorie stendhalienne de cette passion et que, s'il s'est permis à l'occasion de retoucher cette théorie, de faire de petits ajustements nécessaires pour la perfectionner ou la compléter (définir l'espérance de façon plus précise, expliciter les modalités de l'indifférence, etc.), il a clairement hésité à avancer des idées qui pourraient sembler corriger ou contredire l'enseignement de Stendhal (en témoigne sa prudence à exposer ses idées sur le rôle joué par la mémoire dans la naissance de l'amour).

57. Voir le projet d'introduction inachevé que Pierre Clarac (de même que Bernard de Fallois avant lui) place en épigraphe au roman (*JS*, 181).

58. Voir, parmi les « Essais et articles » rédigés « Au temps de Jean Santeuil », l'article du jeune Proust sur *La Bonne Hélène* de Jules Lemaitre (comédie en deux actes représentée pour la première fois le 31 janvier 1896) où il est précisément question de la distinction entre l'amour romantique, insatisfait, rêveur et triste (inspiré par Éros), et l'amour purement sensuel (inspiré par Vénus), seul capable de produire la jalousie, cette « *fille obscure du plaisir* » (*CSB*, 387—90). Rappelons d'ailleurs à ce propos que rien dans la correspondance du jeune Proust avec Mme Straus ne permet de supposer que la jalousie ait jamais compté parmi ses griefs contre elle.

59. Nous faisons allusion, bien entendu, au célèbre passage du *Journal* de Gide, daté du 14 mai 1921, où Proust, se targuant presque de son uranisme, en révèle le caractère exclusif : « [...] *il dit n'avoir jamais aimé les femmes que spirituellement et n'avoir jamais connu l'amour qu'avec des hommes* ». Confidence qui s'accompagne de cet avertissement à l'auteur des *Mémoires* : « *Vous pouvez tout raconter* [...] *mais à condition de ne jamais dire : Je* » — et qui explique cette longue pratique de la transposition chez Proust, cette volonté de camouflage et de dissimulation que Gide lui reproche comme une lâcheté. Voir le *Journal* de Gide (Paris, Gallimard, « Bibl. de la Pléiade », 1951), pp. 692—4, 705, 847-8, 1087.

60. Voir les *Lettres à Reynaldo Hahn*, présentées, datées et annotées par Philip Kolb (Paris, Gallimard, 1956) ; reproduites en partie dans *Corr.*, I et II. Voir aussi, parmi les articles les plus récents sur cette amitié : Robert Delage, « Reynaldo Hahn et Marcel Proust », *Bulletin de la Société des Amis de Marcel Proust*, no 26, 1976, pp. 229—46.

61. Voir J.-P. Sartre, « Présentation des Temps Modernes », *Situations II* (Paris, Gallimard, 1948), pp. 9–30. Voir aussi, J.-P. Sartre, *L'Être et le néant* (Paris, Gallimard, 1953), pp. 215–8 et 416.

62. Pierre Clarac, qui voit dans ce chapitre un « développement continu », fait remarquer qu'il semble en effet être formé de « deux parties » différentes, dont la première se composerait des deux textes que nous venons d'étudier, et la deuxième du récit de l'amour de Jean pour Mme X venant à la suite de ces pages. Malheureusement Pierre Clarac n'explique en rien cette division, silence d'autant plus regrettable qu'il impose à ces « deux parties » des limites assez arbitraires qui ne correspondent ni à celles voulues par l'intelligence du texte ni à certaines qui se présentent dans le manuscrit et qui pourraient pourtant avoir formé la base d'une telle division (voir *JS*, 1078-9 ; voir aussi, ci-dessous, note 65).

63. Voir Robert Vigneron, « Balzac, Wagner et Proust », *French Review*, May 1946, 370–84. Voir aussi, plus récemment, le recueil des articles de Vigneron dans *Études sur Stendhal et sur Proust* (Paris, Nizet, 1978), pp. 414–29.

64. Rappelons, parmi les exemples les plus frappants de cette maladresse, ces passages que nous avons déjà signalés plus haut et qui sont, certes, à première lecture, incompréhensibles, mais qui peuvent pourtant se comprendre sinon se justifier, comme des efforts pour uniformiser le personnage principal de ces deux morceaux, c'est-à-dire pour prêter certains traits en commun au tendre amoureux et à l'amant blasé.

65. Signalons d'autre part certains détails narratifs qui jouent dans les épisodes un rôle important, décisif même, mais qui sont complètement absents du récit itératif, à savoir : la situation des rendez-vous intimes dans la chambre de l'amie, la décor de cette chambre, c'est-à-dire la fenêtre aux volets donnant sur la rue, et surtout la lumière qui en émane, servant de signal et de gage de la présence de l'amie. Notons aussi à ce propos l'heure particulièrement tardive de ces rendez-vous d'amants qui ont lieu *après* les soirées mondaines, et non pas en même temps qu'elles (nonobstant le bout de phrase inséré de façon malhabile dans la parenthèse du récit itératif et fixant les rendez-vous de ces amoureux à des heures invraisemblables).

66. Il s'agit, en grande partie, de savoir relier convenablement les phases successives d'un amour en évolution, c'est-à-dire de savoir bien tracer depuis sa naissance jusqu'à son déclin la courbe de cette évolution. C'est un art que Proust semble bien encore ignorer ici (ou du moins dédaigner), à juger par la façon dont il a télescopé ces deux textes, mais qu'il saura pratiquer avec une grande maîtrise dans l'élaboration d'*Un Amour de Swann*, où nous verrons bien des pages tirées de *Jean Santeuil*, décrivant divers moments des divers amours de Jean, figurer, transformées, dans les phases successives de l'amour de Charles Swann pour Odette (voir notre thèse, *op. cit.*, *passim*).

67. Voir notamment « Lettre de Perse et d'Ailleurs » et « Vacances » dans *Textes retrouvés*, recueillis et présentés par Philip Kolb (Paris, Gallimard, 1971), pp. 137–45 et 149–54. Ces deux textes, entre autres, formeront le sujet d'une autre étude, actuellement en cours.

68. Ces épisodes sur la jalousie n'en disparaîtront pas pour autant, évidemment, puisqu'ils viendront se placer presque intacts dans les pages d' *Un Amour de Swann*. Mais c'est, là aussi, le sujet d'une prochaine étude.

69. Nous examinons ici, dans la « deuxième partie » les pages consacrées à l'amour de Jean pour Mme X, se trouvant aux feuillets 538ro à 546vo du manuscrit de *Jean Santeuil*.
Nous présumons, de même que les deux éditeurs de *Jean Santeuil*, de Fallois et Clarac, qu'il s'agit tout simplement des suites de l'amour de Jean pour Mme S., bien que dans le manuscrit l'héroïne change de nom ou plutôt d'initiale ici, et s'appelle désormais, plus discrètement, Mme X. Pour éviter la confusion, nous continuerons donc, à l'instar des deux éditeurs, à la désigner par l'initiale S.

70. Rappelons que Mme S., tout à la fin de son petit discours, avait demandé à Jean s'il voulait la revoir chez elle ou ailleurs, annonçant ainsi ce changement du décor de leurs rendez-vous. Certes, tout au début de l'épisode sur l'indifférence, nos amants anonymes se sont retrouvés eux aussi dans le monde, non pas pour s'y revoir, mais bien pour se fixer rendez-vous après, dans l'intimité de son chez elle.

71. Il est évident dès ici et jusqu'à la fin de ces dernières pages que Jean demeure tout aussi attaché à ce plaisir que par le passé – donc aux antipodes de l'amant blasé et désabusé de l'épisode sur l'indifférence, qui n'y tenait plus guère.

72. Il s'agit, bien entendu, de la manière dont se termine l'amour de Swann, quand, grâce à un incident tout à fait différent, il comprend enfin, par l'intermédiaire de la petite phrase, qu'Odette ne l'aime plus. L'hypothèse illustrée ici par cet épisode ne sera pas pourtant tout à fait rejetée, puisqu'elle reparaîtra dans l'épisode, calqué sur celui-ci, où Swann rencontre Mme Cottard, qui prend le rôle de la parente ici. Épisode non pas oiseux, certes, puisqu'il sert à annoncer le mariage de Swann dans le deuxième volume, mais d'une portée théorique à peu près nulle, n'ayant aucun rapport avec le récit itératif décrivant les lents et graduels progrès de Charles Swann vers l'indifférence.

73. Non sans y rattacher en guise de *coda* cette phrase énigmatique et tout à fait inattendue : « *Mais la crainte perpétuelle, en avouant son amour* [de] *blaser celle qu'on aime, en étant sincère de ne pas avoir assez de prestige à ses yeux, en avouant sa jalousie de la rendre coquette, font de nos lettres, de nos paroles un perpétuel mensonge qui éloigne trop les apparences de ce que nous éprouvons* [sic]» (*JS*, 759). – Il s'agit, on le voit, de glisser tout à la fin de cette digression une petite allusion rappelant la duplicité du monsieur anonyme, qui figurait de

85

façon si insolite dans les commentaires formant l'entre-deux de l'histoire de l'amour de Jean pour Mme S.. Avec cette différence, qu'il s'agit ici, non pas d'annoncer l'amant indifférent et jaloux des épisodes, voire d'uniformiser le personnage, mais de normaliser ses traits, les rendre universels en attribuant à nous tous sa rhétorique mensongère.

74. Nous examinons ici le texte qui se trouve aux feuillets 544 vo et 546 vo du manuscrit de *Jean Santeuil* et que Bernard de Fallois a présenté à part, séparé des pages précédentes par un espace blanc ponctué d'un astérisque – et que Pierre Clarac va jusqu'à présenter dans un chapitre distinct, qu'il intitule « Du rôle de l'imagination dans l'amour », tout en rappelant dans les Notes, cependant, que la femme aimée s'appelle toujours Mme X., comme dans les pages précédentes.
Voir aussi, plus bas, la note 82.

75. D'autant plus qu'il s'agit ici, comme nous le verrons, d'un amour, ou plutôt des amours, non pas refroidies et touchant à leur déclin, mais des amours qui n'ont jamais été partagées, qui n'ont jamais connu cette réciprocité, sous-jacente à l'espérance et, partant, implicite et nécessaire à la naissance de l'amour selon la théorie stendhalienne.

Car il faut bien rappeler que le narrateur en décrivant l'amour de Jean pour Mme S. (comme d'ailleurs dans celui du monsieur anonyme pour son amie) n'a fait au fond qu'isoler, qu'extraire de l'espérance, cette assurance de sentiments réciproques qui, chez Stendhal, est toujours sous-entendue dans le concept de l'espérance.

Voir aussi, plus haut, les notes 8, 9, 26, 29.

76. Voir note 73 ci-dessus.

77. Non sans ambiguïté pourtant, car dans ce même passage nous le voyons ouvrir à propos du *Fantasio* de Musset cette parenthèse, qu'il oublie d'ailleurs de clore : « *(je n'ai jamais pu le lire sans avoir envie d'aimer quelqu'un*[)] » (*JS*, 762). Confidence doublement révélatrice où le narrateur, tout en avouant qu'il partage, lui aussi, parfois cet enthousiasme pour l'amour, laisse tomber par inadvertance ce *nous* qui est son masque habituel dans les commentaires.

78. Il s'agit du passage où le profil charmant de Mme S. se trouve transformé en tête mystérieuse, et où le narrateur semble bien vouloir faire allusion à elle. Voir la note 17 ci-dessus.
N'empêche qu'il se contente d'une simple allusion, ce qui atteste sinon son refus, du moins son hésitation à adhérer à ce dogme fondamental de l'orthodoxie stendhalienne.

79. Le verbe *imaginer* apparaît pour la première fois dans deux phrases de commentaires placées entre les épisodes supplémentaires, où le narrateur, parlant de la jalousie, signale le peu de rapport entre la vérité et « *ce que nous imaginons* » (*JS*, 754), la vérité étant déterminée par une réalité antérieure, connue ou

inconnue, et non par « *les possibilités seules que nous imaginons* ».

Il reparaît dans les commentaires sur l'absence, dans l'épisode où la parente de Mme S. calme pour un instant la jalousie de Jean en lui apprenant l'affection et l'estime de Mme S. pour lui, alors que lui, au contraire, et bien à tort évidemment, « *s'imaginait n'être rien pour elle* » (*JS*, 758).

Le substantif *imagination* apparaît pour la première fois dans les commentaires sur l'absence, où, après la mémoire, « *le cœur, l'imagination* » (*JS*, 759) sont accusés, eux aussi, de ne pas nous représenter assez fidèlement l'image de l'absente chérie ; usage qui accorde à cette faculté (comme au cœur du reste !) un rare pouvoir reproducteur, qui témoigne d'une certaine velléité dans l'esprit du narrateur.

Il reparaît, au pluriel, à l'ouverture de ces commentaires sur l'amour non réciproque, où le narrateur commence par écarter nos vaines « *imaginations relativement à la personne* » (*JS*, 760) aimée, pour procéder ensuite à la description de cette curieuse opération de l'esprit calculée de toute évidence pour les remplacer.

80. Nous avons déjà signalé (voir notes 12,17...) les antécédents du Prologue d'*Un Amour de Swann* dans le récit de l'amour de Jean pour Mme S. .

81. Il va sans dire que l'amour non réciproque implique l'indifférence de la femme aimée, mais il s'agit d'une indifférence constante et totale, qui n'est jamais partie du degré zéro, pour ainsi dire, et non pas d'un refroidissement de l'amour. Et conformément, l'amoureux désigné par le *nous* de ces commentaires représente ceux qui, malheureux en amour, n'ont jamais connu l'assurance de réciprocité, qu'ils le sachent ou non, et non pas ceux qui, jadis bienheureux, viennent de le perdre − ce qui seul pourrait être le cas de Jean.

82. Ce qui est évidemment la conclusion de Pierre Clarac, comme nous l'avons bien indiqué dans la note 74 ci-dessus.

83. Il n'est guère besoin de signaler que tous les fragments dont se composent ces feuillets portent bien les marques de textes primitifs très anciens, n'étant au fond que des brouillons divers, à peine articulés les uns aux autres, rédigés, pour ne pas dire bâclés en un style de premier jet, qui semble bien attester que ces brouillons contiennent en fait les toutes premières réflexions de Proust, nées au hasard de l'inspiration et de l'expérience, autrement dit des vicissitudes de la liaison amoureuse qui les avaient engendrées. Ils représenteraient donc un stade primitif de la pensée de notre jeune auteur, constituant peut-être même la version « tout à fait primitive » du texte, de même cru que celle dont il avait extrait les pages de la première partie consacrées à la naissance de l'amour de Jean pour Mme S. ; ou plutôt ce qui en restait, une fois extraites ces pages. Le style fautif de ces dernières pages de notre histoire d'amour s'expliquerait donc par le simple fait que Proust n'avait pas encore procédé à l'élaboration théorique et narrative de ces pages − les différences entre les deux parties (*nous* à la place de *Jean*,

Mme X à la place de *Mme S.*, etc.) relevant non pas de différences d'origine mais des différents stades de développement des deux textes.

Bien que le texte de ces derniers feuillets soit de toute évidence très primitif, le manuscrit où il se trouve reproduit porte toutes les marques d'une mise au net relativement récente. Comme nous l'avons déjà noté à propos des feuillets numérotés du « développement continu », ces derniers feuillets non numérotés (ff. 537 ro à 546 vo) sont rédigés, eux aussi, d'un seul jet et n'offrent donc aucune preuve d'une coupure ou d'une faille entre le texte des commentaires qui servent à clore l'entre-deux sur la jalousie et les pages consacrées à l'amour de Jean pour Mme S..

Ni, à plus forte raison, entre les divers fragments dont se composent ces derniers feuillets, exception faite de quelques blancs importants qui semblent bien indiquer une solution de continuité entre les deux séries de fragments (ff. 543 et 544). Et, conformément, aucune rature, aucune addition ne vient indiquer le caractère postiche des passages insérés pour rappeler les épisodes sur la jalousie, que nous avons déjà signalés (voir note 73...), et dont la seule présence suffit à révéler l'intention qu'avait Proust de rattacher ces dernières pages, elles aussi, au « développement continu ». Il est toutefois curieux de remarquer que le texte de cette « deuxième partie », à la différence de celui du « développement continu », a pour support matériel un papier à lettres d'une singulière uniformité (papier vergé, format 18 cm sur 23, filigrané AU PRINTEMPS – PARIS etc.) et qui semble bien avoir même fonction que le numérotage des feuillets précédents, servant ainsi à rappeler que ces derniers feuillets hétéroclites formaient aussi un tout auquel il faudrait un jour imposer une unité aussi apparente que réelle.

IMPRIMERIE PAILLART (Abbeville) – D. 4916.
Dépôt légal : 4ᵉ trimestre 1980   PRINTED IN FRANCE